1

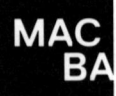

Publicar

Quadern
d'educació

Índice

Salidas de armario ante el apocalipsis zombi

María Berríos

Directora de Conservación e Investigación del MACBA

Unos meses después de llegar al MACBA en calidad de directora de Conservación e Investigación, un día me vi buscando materiales para satisfacer las necesidades de dos niñes que, sobre la mesa de reuniones de la oficina donde se habían instalado a jugar, hallaron los planos arquitectónicos de una próxima exposición que esperaban a ser intervenidos por elles. Necesitaban herramientas codificadas por colores para diseñar su estrategia y proteger el museo, y a quienes lo habitábamos, de una inminente invasión zombi. Acabé así hurgando en el almacén del departamento de Educación. Ubicado en los aseos reformados de las oficinas de la tercera planta, se trata de un espacio de azulejos repleto de estanterías y armarios y rebosante de un bello caos de materiales: lápices, tiza, marcadores, telas, pegatinas, papeles y cartones de todo tipo. Apilado en distintos lugares, puedes encontrar un inmenso surtido de material gráfico e impreso, todos autopublicados. Carteles, pósters y fanzines, collages fotocopiados, manifiestos y pegatinas, creados por o en colaboración con distintos grupos de personas, jóvenes, «mujerxs que usan drogas», «monstruas», profesorado, artistas educadores, alumnado, niñes, etc.

Ya conocía algunas de las publicaciones, pues había tenido el privilegio de familiarizarme con ellas a través de Yolanda Jolis, Isaac Sanjuan y Ricardo Pérez-Hita, tres colegas excepcionales, que conforman el departamento de Educación del MACBA. Aunque cada una de estas publicaciones era muy distinta del resto, todas eran al mismo tiempo abiertas y esclarecedoras y ponían de manifiesto una práctica profunda y rigurosa. Todas reflejaban el placer y la calma que surge del conocimiento y la experiencia de sostener en juntanza, mediante procesos generativos de tiempos y espacios aptos para reunir a las personas. La autoedición y las publicaciones eran sin duda una relevante herramienta experimental y generosa de producción e intercambio de conocimiento artístico.

El departamento de Educación es el equipo de base, formado por quienes lideran y facilitan lo que luego comprendí constituye una pequeña escuela de educación artística que funciona dentro del museo. En él, un grupo ampliado y extraordinario de más de veinte artistas educadores se reúnen de manera periódica para aprender y desaprender colectiva y mutuamente. Mediante la puesta en común y la conversación permanente, reflexionan y dan forma a sus prácticas a varios niveles dentro y a través del museo, conectando con el tejido social que está más allá de sus paredes blancas. Me sorprendió observar el modo en que el trabajo minucioso y reflexivo de esta comunidad de aprendizaje se propagaba constantemente por toda la institución, como una corriente subterránea. Es una práctica transformadora para las numerosas personas a las que toca, pero a la vez, de algún modo, circula y funciona sin hacerse notar en exceso, incluso dentro del propio museo. El impacto diario que el trabajo de este grupo de personas tiene en la infraestructura de la institución vivifica y reanima al museo. Cada movilización provocada por estas instancias de intercambio educativo es inmensa, aunque sus rastros visibles sean a menudo elusivos. Pueden seguirse maravillosos hilos de este trabajo en la abundancia de publicaciones a pequeña escala, en su mayoría autoeditadas, que se generan dentro de estos procesos, y también gracias al empeño del atento y entregado equipo de Comunicación del MACBA. La reflexión y la experimentación colectiva en torno a la educación artística generada mediante estas prácticas necesitaba y merecía hacerse más pública, pese a que se trata de una tarea desafiante. Como en casi todos los departamentos de educación museísticos, el equipo educativo del MACBA ya estaba demasiado ocupado en desarrollar y gestionar sus distintos proyectos, además de las personas implicadas en ellos, como para plantearse publicar algo distinto a las intensas actividades de autoedición que ya forman parte de su práctica cotidiana.

A estas alturas, esta situación ya es un lugar común. Pese a las ambiciosas promesas del giro educativo de finales de los años noventa, los departamentos de educación no parecen haber sido capaces de eludir el impulso arrollador dentro de la neoliberalización de las instituciones de arte contemporáneo, destinado a compartimentar, aislar y, en el caso de verse sometidas a presiones financieras, proceder a recortar en primer lugar los proyectos y los fondos educativos. Aun así, dada la época en que vivimos, en que los intereses privados, el lobby y la financiación empiezan a trazar los caminos de las instituciones artísticas y culturales públicas, debemos insistir en la radicalidad de lo público. Y eso implica conectar las comunidades de aprendizaje y las escuelas improvisadas que se cobijan en las grietas de los muros del museo con lo que existe fuera de ellos; muros cuyo deber no es separar y aislar sino generar espacios de encuentro y coexistencia. Encerrarnos, ensimismades e inmaculades, dentro de los muros de nuestras instituciones no es una estrategia eficaz contra una invasión zombi. El aprendizaje colectivo, la reciprocidad y la educación mutua siempre serán prácticas de descompartimentación. Este primer *Quadern* exhibe la dilatada experiencia no solo del departamento de Educación del MACBA, sino también de muchos otros comprometidos con la educación en el ámbito del arte contemporáneo experimental a través de la edición como práctica expandida. La edición como una forma de exposición mutua, una salida del armario-almacén, entendida como un acto de generosidad, reconocimiento mutuo y exploración colectiva.

Publicar,
hacer público,
hacerse público

Yolanda Jolis,
Ricardo Pérez-Hita,
e Isaac Sanjuan

Departamento de Educación del MACBA

Une educadore saca el móvil del bolsillo para hacer una foto del grupo. Una alumna pega en la calle una pegatina sobre turistificación. Un grupo de niñes reparte entre sus amigues un fanzine que han hecho en el museo. Un equipo educativo acuerda explicar su investigación a través de un mapa conceptual. Los rastros de una actividad extraescolar permanecen una semana en la entrada del museo. Unas artistas utilizan el logo de la institución para dar mayor credibilidad a su propuesta educativa. Se delega en el departamento de Comunicación el hashtag que se empleará en redes sociales.

Todos estos son momentos en los que la decisión de «hacer público» se entrelaza con lo educativo y las prácticas artísticas. Son instantes en los que se subrayan formas de hacer concretas que, sin embargo, creemos que no reciben la atención que realmente merecen. Esto, probablemente, se debe a que los tiempos acelerados de producción nos engullen, también en los procesos y prácticas educativas en museos. Es una sensación compartida entre les educadores que nos provoca frustración, por unos ritmos de trabajo que erosionan la posibilidad de detenerse a reflexionar sobre lo acontecido, actualizar los interrogantes a partir de las experiencias y ensayar nuevas formas de transmitir lo aprendido.

Así pues, se vuelve indispensable un ejercicio de pausa, un tiempo dentro de otro tiempo que permita ensanchar y afianzar un espacio de reflexión continuo en torno al sentido de nuestras prácticas. Un lugar desde el cual atender las cuestiones que nos interpelan, preocupan, y sobre las que queremos profundizar. Esta colección nace con el objetivo de hacer posible una conversación sosegada, un diálogo editorial que abra una temporalidad para la concentración, la búsqueda de matices y la indagación en nuestras contradicciones. Una publicación periódica sobre educación en el territorio institucional del arte contemporáneo con el fin de dedicarnos a esos múltiples escollos que las prácticas educativas nos van revelando.

¿Cómo integrar y cuidar los tiempos necesarios para identificar, nombrar y pensar las cualidades educativas de lo vivido? ¿De qué manera podemos transferir los aprendizajes, entrelazando perspectivas, interrogantes y experiencias para crear sentidos compartidos? ¿Cómo poner en valor el conocimiento que emerge de las prácticas educativas en museos para propiciar un mayor espacio de influencia e interpelación en las lógicas institucionales, tanto artísticas como escolares? Estas preguntas guían un proceso editorial que se aborda desde la cotidianidad de las labores del equipo educativo del MACBA, con la mirada cuidadosa de las compañeras del departamento de Publicaciones. Por tanto, se trata de un «publicar» necesariamente colectivo y situado en un lugar que vincula lo artístico con lo pedagógico. El departamento de Educación investiga desde el «hacer», trabajando con una comunidad educativa expandida que ensaya el museo como un aula y las aulas (y las calles) como espacios para las prácticas y el pensamiento artístico. Indagamos en formas y haceres que reafirman el museo como un espacio de vivencia y aprendizaje: colectivo, intergeneracional, siempre en movimiento y en proceso de transformación.

Publicar, primer número de la colección, da cuenta de la relevancia de detenernos a masticar los deseos y las necesidades que nos han impulsado a iniciar una línea editorial situada desde nuestra práctica educativa. ¿Por qué publicar? ¿Cómo hacerse público? Hay algo en esa decisión que era importante atender y articular. ¿Qué se ha publicado hasta ahora? Con su aportación en este cuaderno, y cerrando el índice, Aida Sánchez de Serdio Martín rastrea la educación en museos mediante una genealogía de pensamiento y referencias, a la vez que nos advierte de la necesidad de consolidar una investigación alrededor de esta inteligencia colectiva que nos sostiene, provoca e interroga.

Macarena García y Belén Soto exploran canales concretos para el «publicar». La primera con un texto que indaga en un artefacto singular, el libro-álbum desafiante, acercando la materialidad y los cuerpos a la reflexión sobre los libros y la lectura. La segunda abre el significado del «publicar» en el contexto de internet y las redes sociales, atendiendo de forma indirecta a su relación con lo educativo.

Poniendo énfasis en las prácticas de autoedición, Lluc Mayol y Alba Oller hacen un recorrido por la experiencia de Massa Salvatge con procesos editoriales entendidos como trabajos educativos o a la inversa, procesos educativos que son también editoriales. Por su parte, Camila González Simon centra la mirada sobre los fanzines como medio que construye comunidad a través de lo creativo y lo pedagógico; y lo hace presentando un conjunto de referencias que desbordan el contexto anglosajón, que acostumbra a acaparar las genealogías sobre la autoedición.

Un conjunto de imágenes con notas al pie, que utilizan como pretexto distintas actividades del departamento de Educación del MACBA, se intercalan a lo largo del cuaderno como herramienta de trabajo para pensar esas mismas preguntas. Este ejercicio trata de dar cuenta de que «hacer público» lo que hacemos es un campo de acción, tan necesario como rugoso, en el que dibujar contornos y actualizar estrategias, asumir y ensayar formatos y, sobre todo, atender al sentido y los contenidos de las prácticas educativas en el campo del arte.

Distintas aportaciones que ensayan posibles respuestas a la pregunta sobre qué políticas educativas y artísticas producimos en nuestro «publicar». Qué mejor forma de materializar todos estos apuntes que un cuaderno, ese espacio al que volvemos una y otra vez para tomar notas, o en el que nos paramos a prestar atención mientras hacemos un dibujo o garabato al que luego podemos volver para armar nuevos sentidos. Un cuaderno que convoca nuestros tiempos y nuestros cuerpos, un espacio abierto a la indagación, el estudio, la experimentación y el aprendizaje con otros.

El libro-álbum que desafía e incomoda

Macarena García

En 2003 se publicó en castellano. Tapas gruesas de 32 × 22 centímetros con un dibujo a carboncillo que muestra un muro altísimo, gris, torreones de vigilancia. Puede ser una fortaleza o una cárcel. El título, *La isla*. La ilustración envuelve también la contracubierta. No tiene nada que indique que se trate de un libro para niñes, a excepción de que está ilustrado y ha sido publicado por Lóguez, una editorial especializada en literatura infantil.

La isla trata sobre un hombre desnudo y esbelto que naufraga en una playa y un grupo de habitantes fornidos que lo encuentran y no saben qué hacer con él. Trata de cómo estos hombres lo envían a vivir a un establo, cuya puerta cierran con clavos, y, cuando más tarde el náufrago –todavía desnudo, quizás más esbelto– se asoma por el pueblo, los lugareños le temen. Vemos la imagen horrorizada de una mujer que lo ve venir, una imagen que remite intertextualmente a *El grito* de Edvard Munch, y a la que siguen otras viñetas oscuras en las que se cuela la violencia por donde menos se espera. Un grupo de niñes amenaza a otro con palos como una nota a pie de página de la historia. La historia gira en torno a cómo la gente del pueblo no sabe qué hacer con este hombre porque nadie le puede dar trabajo, ni mucho menos alimento. Tras una asamblea a lo Fuenteovejuna deciden, finalmente, que ha de volver al mar. En el texto no se dice que lo ahogan, pero sí

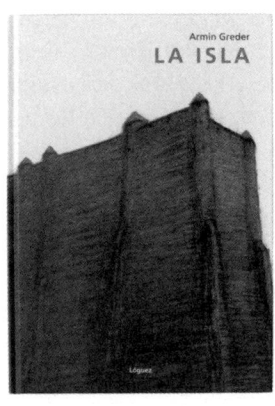

Cubierta de *La isla* de Armin Greder (Lóguez, 2003)

que un grupo de hombres fornidos lo coge, lo amarra y lo empuja al mar. Vemos imágenes de esos hombres fornidos. También se nos cuenta que estos sujetos incendian la barca del pescador, el único que osó decir que quizás tenían que hacerse responsables del forastero. Y después disparan a los pájaros para que nadie sepa que allí hay vida. Que allí hay una isla.

«¡Finalmente una historia que termina mal!», grita un chico de once años desde uno de los últimos asientos de la sala cuando leemos este libro en un aula en Santiago de Chile. Es uno de los libros-álbum que hemos catalogado como desafiantes y que leemos en el marco de un proyecto de investigación. El chico en cuestión se ha sentado atrás porque no le interesaba mucho la lectura que organizamos en la biblioteca. Quizás porque no le interesa mucho la escuela. Cuando hemos terminado el libro, se hace un silencio. Y me río un poco. Lo sé porque lo escribí en el cuaderno en el que tomaba notas de campo. También sé que se rieron más personas. Ese gesto breve de reír y sonreír fue una forma de decirle que lo escuchábamos. Una risa un poco nerviosa. Con algo de alivio, quizás. Porque *La isla* es un libro duro y pavorosamente actual.

He hablado sobre esta lectura varias veces en espacios universitarios, en clases o para seminarios y congresos académicos. Ahora que escribo este texto caigo en la cuenta de que cuando lo hago suelo intentar representar esta lectura. Suelo comenzar refiriéndome a ese proyecto de investigación en que leíamos libros desafiantes a niñes de primaria y después leo el libro completo, proyectando las imágenes. Cuando acabamos se suele hacer un silencio parecido al que se hizo ese día en la sala, porque es un libro difícil de digerir. Entonces

hablo de este chico sentado al final de la sala y de cómo gritó
desde el fondo que finalmente una historia terminaba mal.
Suelo imitarlo. Hacer como que grito desde el final de la sala,
porque no es propiamente un grito, claro, sino una exclamación, una descarga, una interjección. Siempre alguien ríe.
A veces yo también río un poco. Me pregunto por qué necesito hacer esta representación. Si acaso pienso que para poder
entenderla necesito que la vivamos un poco, si acaso tenemos
que propiciar un sentimiento colectivo que sea algo así como
un estremecimiento. Cuento y represento esta lectura, quizás,
para sincronizar afectos antes de entrar en cómo narrar temas
difíciles y en todas aquellas cosas que tampoco decimos cuando intentamos hablar de lo difícil.

Llamamos libros-álbum desafiantes a aquellos que hacen cosas que no esperábamos, que desafían nuestras ideas
sobre lo que es apropiado. Los libros-álbum son libros en los
que se cuenta una historia mediante una conjunción entre
lo visual, lo verbal y lo material, una historia que se activa
con nuestros cuerpos, afectos y formas de leer. Libros de tapas gruesas, cuidadas ilustraciones y textos muy precisos.
Usamos el término *desafiantes* para referirnos, sobre todo,
a aquellos que trastocan convenciones de lo que es apropiado para niñes. Desafían cierta ligazón de la infancia con la
inocencia. Pero no solo. Hay libros desafiantes que desafían
lo que es un libro o cómo se cuenta una historia. Hay muchos que desafían la tradición del final feliz y, de paso, la del
mundo feliz y justo. Libros que tantean cómo hacer literatura
y arte para un mundo en crisis. Para ensamblar esa potencia desafiante se necesita un proyecto pedagógico arriesgado,
mutante, explorador. Un proyecto pedagógico que se sienta
cómodo con estar incómodo. El libro-álbum desafiante quiere, quizás, abrir cosas, que se publiquen otras cosas, que se
lea distinto. Más que desafiar a niñes, quiere desafiar a las
personas adultas que creemos saber qué es bueno leer y qué
no. Libros sobre la muerte en los que un niño se pudre, libros
sobre el holocausto en los que el campamento de verano se

transforma en un campo de exterminio, libros sobre la xeno-
fobia en los que se asesina al extraño. Son historias con las
que no sabemos bien qué hacer. Son obras que se han publicado en colecciones de literatura infantil, pero que nos ponen
en situaciones problemáticas y lo sabemos porque nuestro
cuerpo también responde a ellas de otra forma. Nos mueven
y conmueven. ¿Cuál es el límite? ¿Cómo podríamos abordar
estos temas de una forma adecuada? ¿Qué hacemos cuando
decimos *adecuado*? El libro-álbum puede ser una máquina de
guerra que amenaza ese lugar en el que sabemos qué es aquello apropiado y necesario, aquello que se debe enseñar a las
próximas generaciones. Quiere obligarnos a leer más con los
cuerpos. Dejarnos con preguntas y con esa incomodidad que
se suscita cuando movemos muchas emociones.

Los libros tienen un lugar privilegiado en nuestras
culturas educativas. La escuela existe porque allí se enseñaba
a leer. Más bien porque había que enseñar a leer. A contar
se aprende con la intuición, pero la letra con sangre entra,
decían. La lectura prometía y sigue prometiendo beneficios.
Y hoy, cuando la tasa de alfabetización en la mayoría de los
países está ya alrededor del 99 %, cuando damos por hecho
que todas las personas aprenderán a leer, las familias se es-
fuerzan, más bien, en que sus hijes lean por gusto. En que
ojalá disfruten de elegir un libro, de recomendarlo, de co-
mentarlo, aunque solo ocurra en las vacaciones. Cada tanto
algún titular en la prensa nos recuerda los estudios que asegu-
ran que aquellas personas que leen por voluntad propia –por
«placer», se dice– tienen mejor salud mental. Es el alumnado
con mejores resultados académicos. No solo les va mejor en
pruebas de comprensión lectora. Les va mejor en todo, se nos
asegura, cuando se publican, cada tres años, los resultados del
informe PISA que da cuenta del desarrollo académico de les
jóvenes de quince años de los países de la OCDE. Leer hace
bien, aprendemos. Sirve para casi todo.

Los libros esconden también un potencial transgresor.
Abren cosas que después no sabemos muy bien cómo cerrar.

Basta pensar en las intensidades censuradoras que surgen de tanto en tanto y que purgan las listas de lectura y los estantes de las bibliotecas bajo la lógica de que las lecturas pueden cambiar a quienes leen y que estos, a su vez, pueden cambiar el mundo. Cambios que se intentan detener como si se pudiese tapar el sol con un dedo. El libro-álbum desafiante ensambla su propia máquina transgresora: es un objeto que se despliega en imágenes y materialidades seductoras. Son más que el texto verbal, son objetos orientados a una lectura que interviene el tiempo. Igual que sería extraño ver una obra de teatro en distintas sesiones –ya es suficientemente extraño ser arrojados a un intermedio en aquellas funciones largas–, resulta poco común interrumpir la lectura de un libro-álbum para continuarla más tarde. Son objetos para leer de una sentada, para transformar un espacio-tiempo. Más aún, si un libro tradicional, de texto verbal, lineal, está pensado para ser consumido de forma individual, un libro-álbum está pensado para ser compartido, mediado, trae instrucciones de acercamiento corporal. Son libros breves que han encontrado un nicho de mercado en esa colaboración entre generaciones en la que la persona adulta le lee al que todavía no puede o no le apetece leer por su cuenta. Pero el potencial transgresor, ese que amplía el posible registro de lo sensible, utiliza ese acercamiento para hacer otras cosas. Si hay una lectura que va desde la cabeza, otra irá más con el cuerpo. Ambos han de estar cerca porque el libro se abre a un espacio íntimo, es una puesta en escena pequeña, un acto.

Los libros esconden un potencial transgresor que aparece legitimado por el hecho de que se ha publicado. Antaño había que autorizar las publicaciones. Ahora las publicaciones autorizan. Y, en algunos casos, la publicación de estas cuidadas ediciones con ilustraciones muy trabajadas autoriza, también, a hacer un alto en el tiempo: a abrir un tema y otras formas de acercarse. A poner atención, a detenerse, a pensar algo más seriamente y, también, a quitarle seriedad a alguna otra cosa.

El libro-álbum está pensado para una escala pequeña, íntima, de cuerpos que se acercan a leer. Pero son objetos de arte con ambiciones y se abordan también como tales. Se leen en espacios familiares y en aulas escolares, pero también en bibliotecas y otros espacios emergentes porque hay mediadores de lectura que logran saltar escalas y leer para grupos más grandes. Hay quienes los leen representándolos y saben proyectar la voz. El libro-álbum invita a cosas porque ya viene enganchando distintos registros, distintos lenguajes.

El chico que estaba en la última fila y dijo que finalmente un libro acababa mal arrastra el espacio desde atrás, desde donde no se quiere estar, desde el borde, hacia adelante. Nos conecta, nos interpela, nos deja escapar esa sonrisa que es quizás también una forma de querer y cuidar. Quizás que un libro acabe mal sea algo esperanzador. Pero *La isla* no deja espacio abierto a la esperanza, todo lo contrario. Construye un muro, mata a los pájaros, levanta una fortaleza que ocupa la cubierta y contracubierta del libro. Los hombres producen un hombre desvalido como un otro al que eliminar. La historia nunca nos deja ver cómo lo vive este forastero, cómo lo sufre; la narración no permite ninguna grieta desde la que confiar, desde la que ver un final algo más esperanzador. El chico que suelta esa exclamación aliviada sobre el final desesperanzado quizás también nos está diciendo que así sí, así sí podemos leer por placer. Con historias que nos hablen de lo injusto, de la vida que no se soluciona, de las historias que nadie quiere escuchar.

MACARENA GARCÍA es investigadora, escritora y editora. Es autora de *Enseñando a sentir. Repertorios éticos en la ficción infantil* (Metales pesados, 2021) y de *Origin Narratives. The Stories We Tell Children about Immigration and International Adoption* (Routledge, 2017). Actualmente trabaja como investigadora y docente en la Universidad Pompeu Fabra, Barcelona.

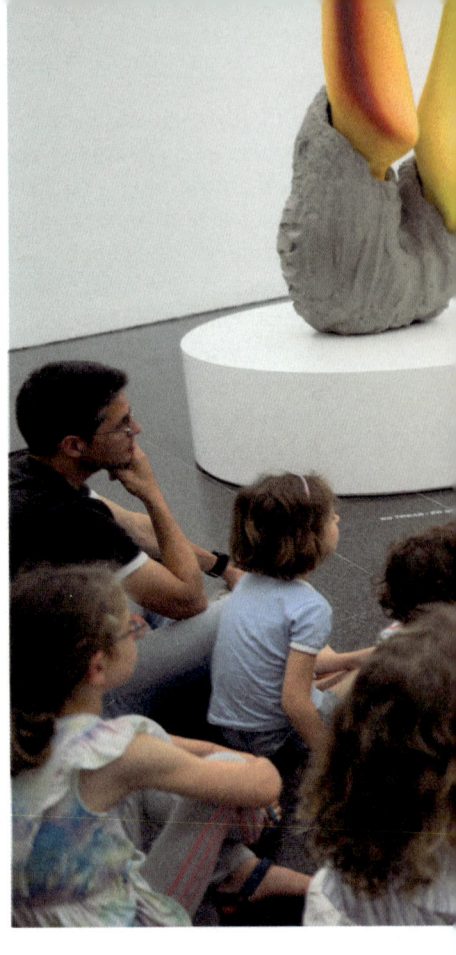

«¿Qué se nos viene a la mente cuando decimos que leer y narrar en el museo es distinto a hacerlo en otros espacios como una biblioteca, una librería o una escuela?» Con esta pregunta, las narradoras Sherezade Bardají y Yoshi Hioki, la investigadora Macarena García y el departamento de Educación del MACBA empezaban a explorar el sentido y a elaborar las formas concretas que podría tener *¡UAU! Álbumes e historias en el MACBA*. Una nueva exploración dentro del programa inter-

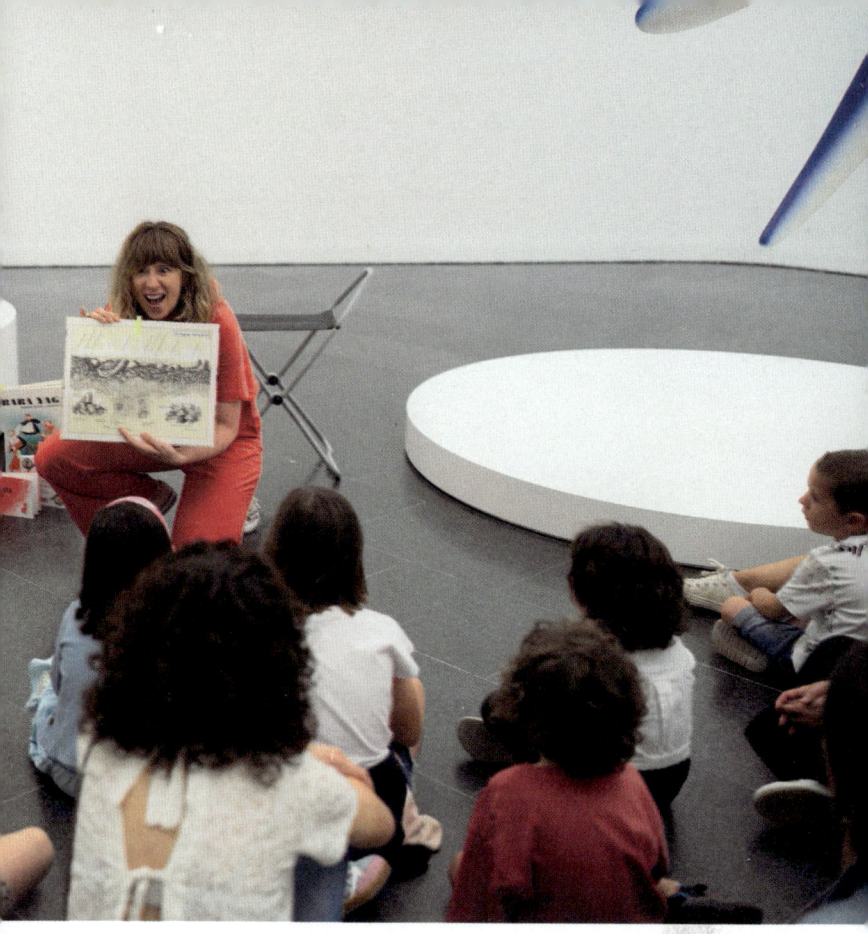

generacional que el museo ofrece los sábados por la mañana a las familias.

Por tanto, ¡UAU! es una actividad en movimiento, que habita los espacios del museo con el cuerpo de les participantes, de los libros y de las historias. Narraciones en espacios que buscan el contacto y la resonancia allá por donde pasan con sus coreografías, palabras, entonaciones y gestualidades. Voces de narradoras y participantes que acarician y viajan entre instalaciones y esculturas. ¿De qué forma

las historias orales, que no evitan las complejidades, nos ablandan los cuerpos y nos abren a una mirada inquieta hacia el museo? ¿Cómo reverberan las imágenes y los textos de los libros dentro de las salas de exposición? De este modo, mediante los dispositivos de la oralidad y el libro-álbum, seguimos indagando en «maneras de estar y leer en y con el museo», en palabras de Macarena García.

¿A quién corresponde el deseo y la decisión de hacer público algo? ¿Qué criterios utilizamos para valorar si un proyecto educativo debe materializarse de manera pública, en formato de encuentro, exposición o publicación?

En este caso, desde el taller *Los niños y las niñas del barrio* del curso 2022-2023, que contaba con el acompañamiento del artista Marc Larré y en el que seis niñas se reunieron semanalmente a lo largo de ocho meses,

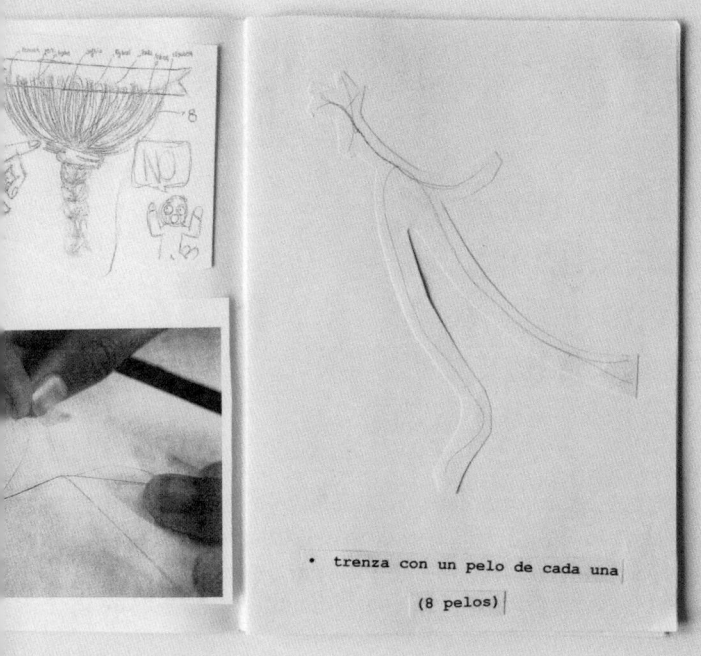

trenza con un pelo de cada una

(8 pelos)

se decidió intentar dejar «una huella imperceptible de forma permanente en el museo». Esconder una trenza con un pelo de cada una o pintar con tinta invisible el contorno de nuestras manos en las paredes son acciones anecdóticas que un fanzine permite hacer públicas, dotándolas de un marco coherente. Posibilita hacerlo de un modo relativamente sencillo, con los medios de los que se dispone en el momento.

La autoedición impresa es un formato privilegiado con el que hacer acopio de prácticas, acciones y reflexiones surgidas de largos procesos de trabajo. Permite, además, convertirse en parte del archivo de los centros de arte y museos, que se pueda distribuir fácilmente y, también, que quien quiera se lleve a casa una copia y reparta tantas otras.

El objeto disidente

Lluc Mayol y Alba Oller

Las publicaciones en las prácticas colectivas de Massa Salvatge[1]

En mayo de 2008 nació *La fanzinoteca ambulant*,[2] un proyecto que arrancó con la voluntad de establecer un punto de referencia para el archivo y la consulta de fanzines, libros hechos a mano y otras publicaciones de difícil catalogación. Paradójicamente, el proyecto nacía en plena vorágine de la revolución que nos ofrecía la web 2.0: ese mismo año entraba en funcionamiento la versión en español de Facebook y ya eran bastante populares las plataformas de publicación en línea como Blogger, MySpace o WordPress. Parecía que la aparición de estas nuevas formas de publicar podía privar de sentido la idea de publicar en físico, al menos en su dimensión más popular, amateur o emergente. Pero nada más lejos de la realidad: las prácticas editoriales vinculadas a la autoedición, las publicaciones de artista, los fanzines, etc., empezaron a vivir una etapa de mucha más actividad a partir de ese momento. Una especie de segunda juventud. En las últimas

---

1 Massa Salvatge es un colectivo de arte y educación de Valencia compuesto actualmente por Alba Oller y Teresa Mata y del que también formó parte Lluc Mayol hasta septiembre de 2023.

2 *La fanzinoteca ambulant* se presentó el 17 de mayo de 2008 en el Antic Teatre de Barcelona. Se trata de un proyecto impulsado por Ricardo Duque, Lluc Mayol y Matías Rossi.

dos décadas han proliferado de manera significativa las ferias y eventos de autoedición, las microeditoriales, las fanzinotecas y las distribuidoras de este tipo de ediciones.

La pregunta es obvia: ¿por qué motivo, en el momento en el que publicar es más fácil y barato, proliferan las prácticas de edición en papel, supuestamente obsoletas? Podríamos aceptar que una respuesta más que probable es la resistencia a eliminar la experiencia física de la lectura. La dimensión performativa, objetual y multisensorial que nos ofrece la publicación en papel se convierte en un contrapunto necesario, aún, a la inmensidad intangible que a veces supone publicar virtualmente.

Hace poco, el artista sonoro Edu Comelles expresaba de forma muy sintética, en una *story* de Instagram, esta paradoja: «En esta época en la que publicar es algo como lanzar una piedra en el océano, que alguien con buen criterio te mande un mensaje bonito, hace que la desazón de lo que representa publicar a día de hoy, se disipe.» Todo ello podría estar relacionado con la noción de las comunidades de lectoras indomables (y editoras indomables, añadiríamos) de las que hablaba Marina Garcés en el texto «Lectura y comunidad».[3] El libro o la publicación en papel se convierte hoy en un objeto disidente en la medida en que establece una relación directa y única con las personas que lo editan, lo imprimen o lo leen. Una relación que queda fuera del control de los algoritmos.

Es partiendo de esta idea como se vinculan las publicaciones a los proyectos colectivos de Massa Salvatge. No es de extrañar, por lo tanto, que *La fanzinoteca ambulant* haya sido uno de los gérmenes de esta prolífica relación que el colectivo ha establecido entre las publicaciones y su práctica pedagógica. El punto de partida de esta relación se encuentra en

---

3   Marina Garcés: «Lectura y comunidad», *Nativa* (2013). Recurso electrónico: https://nativa.cat/2013/06/lectura-y-comunidad/ [consultado el 7 de marzo de 2024].

el proyecto *El llibre prohibit*.[4] La idea era hacer fanzines con el alumnado de un instituto de secundaria, pero no desde un enfoque técnico, sino desde la posibilidad que ofrecían los fanzines para debatir y reflexionar sobre la censura estructural y la autocensura en el centro. Explorar conjuntamente los límites de lo que puede decirse y hacerlo lejos del control digital, abriendo un espacio de seguridad entre la publicación y sus lectoras o productoras. La presencia física de la fanzinoteca en el centro, como extensión de la biblioteca, era el punto de partida, la referencia. El fanzine (hacer fanzines) se convertía así en el lugar, el soporte, en el que podía hablarse de lo que, aparentemente, no se podía —pero se debería— hablar en el colegio, y podía hacerse con cierta sensación de trascendencia por el hecho de ver las ideas impresas en papel, negro sobre blanco.

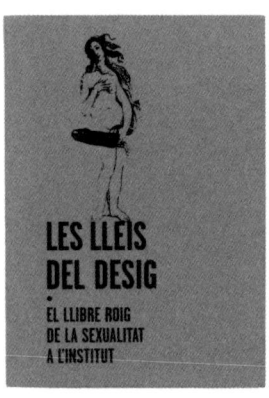

Cubierta de *Les lleis del desig. El llibre roig de la sexualitat a l'institut* (Massa Salvatge, 2023)

En una línea parecida, se desarrolló el proyecto *El llibre roig edicions*.[5] Una serie de procesos en distintos contextos con alumnado de secundaria basados en la voluntad de actualizar *El libro rojo de los escolares*,[6] un manual escrito en 1969 por dos maestros daneses con el objetivo de informar al alum-

---

4   *El llibre prohibit*, IES Miquel Peris i Segarra, Grau de Castelló, 2019.

5   El proyecto *El llibre roig edicions* incluye los siguientes volúmenes: *Manual de resistència a l'adultisme en l'institut* (IES Andreu Alfaro, 2022), *Conjura antiadultista en Altura* (Avan/02, 2022), *Les lleis del desig* (IES Gregori Maians, 2023) y *Conjura antiadultista a Torrelameu* (FAACCC, 2023).

6   Søren Hansen, Jesper Jensen: *El libro rojo de los escolares*. Barcelona: Ediciones Utopía, 1978. Este libro, publicado originalmente en 1969, fue traducido a varios idiomas con títulos relativamente distintos. Para el proyecto *El llibre roig edicions* tomamos como referencia el título de la edición prohibida en España de Ediciones Utopía, publicada a principios de la década de los setenta.

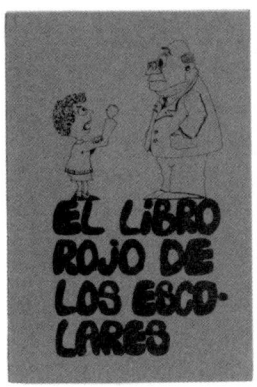

Cubierta de *El libro rojo de los escolares* de Søren Hansen y Jesper Jensen (Ediciones Utopía, 1978)

nado sobre temas de los que no se hablaba en el colegio: autoorganización, sexo, drogas, relaciones con el profesorado, etc. En este caso, el libro, como objeto, se convierte en un motor de activación tanto para la lectura —leer el antiguo manual— como para la creación colectiva de nuevos manuales actualizados y otras publicaciones que surgen como resultado del proceso pedagógico de reflexión y debate. Estos procesos, lejos de centrarse en poner en juego técnicas de escritura, diseño o producción editorial, se basaban en establecer espacios de debate con los grupos participantes, donde se planificaban acciones de gráfica de guerrilla, performance o procesos participativos con los que la controversia se extendía a toda la comunidad educativa. Dentro de este planteamiento, la labor de mediación artística consistía en planificar y activar los debates y acciones, pero también en la edición entendida como una labor de recopilar contenidos procedentes de esta mediación para dar forma al libro. Es decir, el libro publicado no es el resultado directo de la escritura por parte del alumnado, sino del trabajo posterior de Massa Salvatge de relacionar los debates, las conversaciones y las acciones artísticas y de participación con el texto original de *El libro rojo de los escolares* y otros referentes de contexto.

Poner en marcha las publicaciones entre una comunidad de adolescentes de hoy no es una tarea exenta de tensiones, contradicciones y dificultades. La primera tensión, difícil de resolver, reside en esta idea de hacer un libro en grupo o de escribir uno que recoja la voz del alumnado. En primer lugar, porque el alumnado es diverso y complejo y, en segundo lugar, porque el alumnado participante no es necesariamente representativo de su generación. Los procesos pedagógicos de *El llibre roig edicions* experimentaron desarrollos complejos en los que la práctica editorial acabó siendo una negociación permanente entre deseos que no siempre coincidían. Mientras que el deseo del colectivo impulsor era claramente poner en juego el potencial activador de las publicaciones, a la vez que se establecían relaciones directas y tangibles que generaran reflexiones, acciones y debates, los deseos del alumnado fluían entre una cierta confianza ciega en el proceso, una liberación temporal de la rutina académica, unas ganas de expresarse en libertad y el descubrimiento de procedimientos y perspectivas vinculadas a unas publicaciones que les resultaban bastante desconocidas.

Activar procesos pedagógicos mediante las prácticas editoriales ha sido una constante en muchos otros proyectos de Massa Salvatge, que a menudo se han planteado como metodologías de activación a distancia. La invitación a desarrollar una publicación que clausurara el ciclo de exposiciones *Ser sense ser-hi* [Estar sin estar] comisariado por el colectivo nyamnyam en la Capella de Sant Roc de Valls acabó convirtiéndose en un complejo artefacto de edición y producción editorial que activó distintos mecanismos de mediación.[7] La propuesta curatorial ponía en tensión la idea de la presencia en los procesos de creación y exposición en el arte. La publicación recogía las posibilidades de dicha tensión y generaba contenidos basados en encuentros y conversaciones con agentes considerados subordinados en los procesos artísticos de los distintos proyectos expositivos (vigilantes de sala, vecindario del espacio expositivo, participantes en las propuestas artísticas, etc.). También se convocó a personas vinculadas con el mundo artístico pero que, por encontrarse lejos físicamente, no habían podido asistir a las exposiciones, es decir, no las habían visto y solo las conocían a través de re-

7   nyamnyam es un colectivo de creación e intercambio de conocimiento fundado por Iñaki Álvarez y Ariadna Rodríguez. La propuesta *Ser sense ser-hi* (Capella de Sant Roc, Valls, 2020) incluyó exposiciones de rosanayaris, Fernando Gandasegui, Alex Solé y Èlia Bagó, y Lluc Mayol.

latos indirectos (como por ejemplo los textos y las explicacio-
nes del propio equipo de mediación). En estos encuentros, se
utilizaban los carteles y folletos de las exposiciones para generar especulaciones y relaciones probables, o improbables,
que se anotaban o se dibujaban directamente encima de

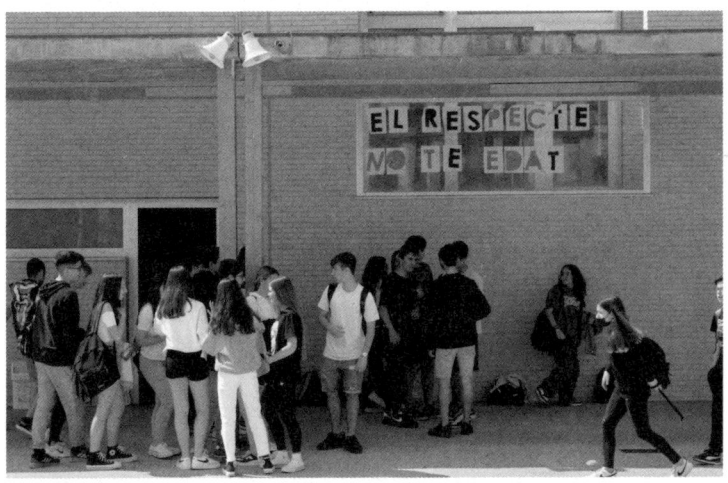

Intervención de gráfica de guerrilla realizada con el alumnado del IES Andreu Alfaro (Paiporta) durante el proyecto *Conspiración: Manual de resistencia a la adultocracia*, 2022

dichos impresos. Anotaciones que, por último, se extraían mediante un escáner y se incorporaban a la publicación final. Sobre todos estos procesos se redactaba y maquetaba un capítulo semanal que se enviaba por correo electrónico a la sala
de exposiciones. Allí, una cómplice local se encargaba de im-
primirlo con una copiadora risográfica instalada en el propio
espacio y se generaba una especie de performance en la que
el proceso de impresión, normalmente invisible, se llevaba a
cabo en vivo y en directo en la exposición.

La performatividad vinculada a las publicaciones en papel, tanto en su elaboración como en su lectura, ha sido uno de
los aspectos que el colectivo ha explorado como posibilidad

activadora. *El museo en cadena*[8] fue una propuesta de actividades para familias que consistía en una acción colectiva en la que las personas participantes asumían la tarea de trabajar en una cadena de producción trepidante de una publicación en papel. Al asumir cada una de ellas un rol y no poder atender a la totalidad del proceso, no sabían cuál era exactamente su contenido (que no se revelaba hasta el final). La acción, guiada por dos mediadoras-performers, se transformaba en una coreografía colectiva de movimientos repetitivos a partir de la impresión con distintas técnicas. Al acabar, cada participante recibía uno de los ejemplares recién imprimidos entre todos, donde se podía leer un mensaje final. La producción y la lectura de la publicación quedaban directamente relacionadas, ya que el secreto, el mensaje oculto, se escondía mediante un gesto técnico propio de la producción editorial conocido como imposición de pliegos de impresión. Mediante esta técnica, las páginas de una publicación quedan aparentemente desordenadas en el pliego, una hoja de grandes dimensiones donde se imprimen todas las páginas de un librito a la vez. En este caso, se trataba de un folleto de dieciséis páginas, y en cada página se había imprimido una letra. Simplemente doblando la hoja de la forma correcta y cortándole los bordes, se obtenía el librito en el orden correcto y, como resultado, al final se podía leer en él, página a página, la frase oculta: «T-r-e-n-c-a-/-l-a-/-c-a-d-e-n-a» [Rompe la cadena].

Esta relación entre los procesos técnicos, el gesto (el cuerpo) y la lectura son los elementos que siempre entran en juego cuando las publicaciones se vinculan a los proyectos colectivos impulsados por Massa Salvatge en los que se desbordan las nociones de educación y publicación. En todos estos casos, las publicaciones son algo más que un relato, un documento o un registro de lo que sucede, son el terreno de juego y/o una herramienta para activar unos procesos educativos que trascienden la idea de educar, que se sitúan

en el campo artístico entendiéndolo como un campo pedagógico y, por tanto, político, que interpela a colectivos de toda
clase: desde un grupo escolar hasta una familia, pasando por
las vecinas, las artistas, las trabajadoras de los centros, etc. En
todos estos casos, las publicaciones en papel aparecen siempre como un mecanismo de acción, como el objeto disidente
del que hablábamos al principio. Disidente en la medida en
que desobedece la tendencia cultural e implica y cuestiona de
manera directa a las comunidades que se convocan.

LLUC MAYOL   es artista, diseñador gráfico y profesor en el grado de Artes
                    de la Universitat Oberta de Catalunya. Basa sus proyec-
tos en las relaciones que establece entre el trabajo editorial y la educación, la
mediación y la creación artística. Con un marcado compromiso político, ha sido
impulsor de plataformas culturales independientes como Saladestar y La fanzinoteca ambulant, además de formar parte de proyectos colectivos como Nau 21,
Artdoules, L'Automàtica, Escuela Meme, La Figuera y Massa Salvatge.

ALBA OLLER   es mediadora, investigadora y profesora de Didáctica
                    de la Educación Artística en la Universidad de Alicante.
Como miembro del colectivo Massa Salvatge, combina la práctica de la mediación cultural con la investigación a través de proyectos en los que reflexiona
sobre la participación de la infancia con una mirada antiadultista hacia la cultura
y las artes. Doctora en Investigación Educativa, se centra en la formación docente con respecto a una educación artística basada en la cultura visual.

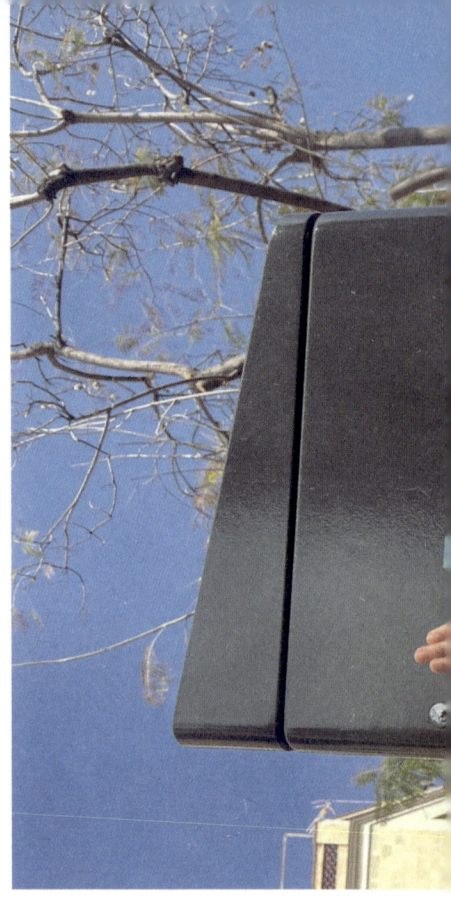

¿Qué procesos, actitudes y comportamientos hay detrás de una pegatina que nos encontramos por la calle? Y si nos dicen que forma parte de un proyecto educativo de un instituto, ¿nos parece apropiado?

¿De qué manera han ido cambiando los comportamientos y los gestos para lanzar un mensaje a la esfera pública? ¿Qué vigencia tienen actualmente los soportes materiales de distribución de ideas como los fanzines, los carteles, las octavillas o las pegatinas en la adolescencia?

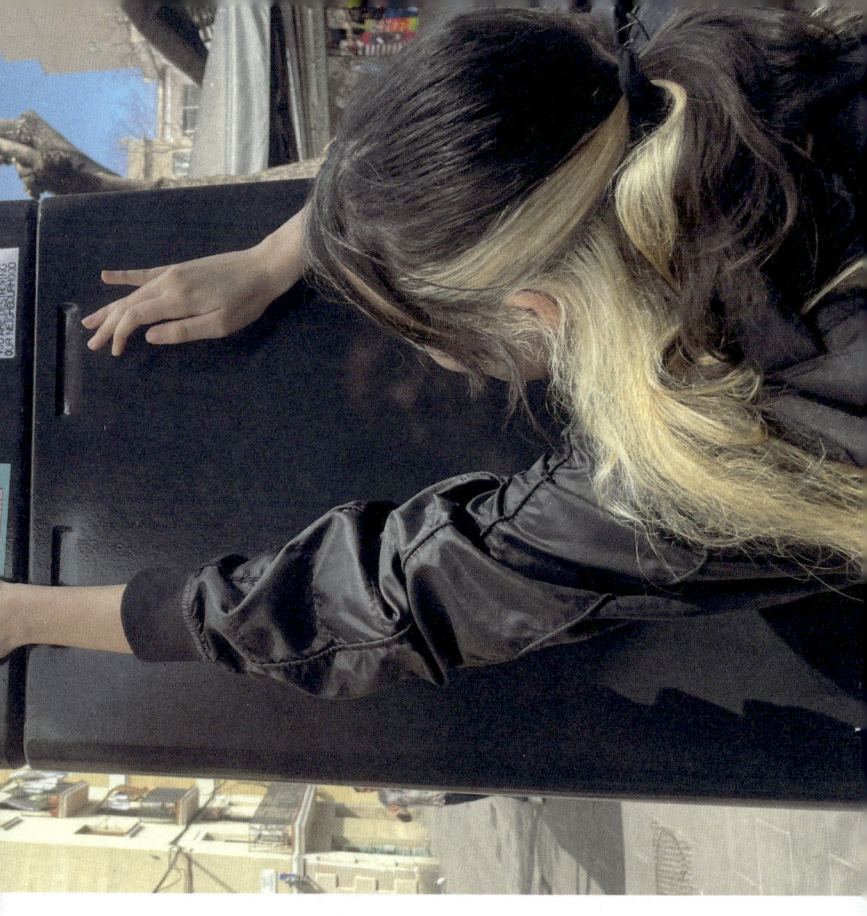

Salir del instituto en una acción colectiva en horario de clase. Preguntarnos a quién va dirigido este mensaje para escoger los puntos estratégicos donde queremos llevar a cabo nuestra acción. Escoger espacios visibles, pero en cierto modo inaccesibles, para que nuestras pegatinas duren el mayor tiempo posible. No hay un plan, ¡vamos sobre la marcha! ¡Gráfica de guerrilla! Una alumna escoge una ubicación y ¡pam! justo en una calle muy transitada de entrada al barrio, al lado del mercado. Convive con otra pegati-na que trata la misma problemática. Seguramente con un proceso de creación distinto al nuestro, pero ahí están ahora las dos, conviviendo, conversando y gritando juntas en la calle. Desde el anonimato.

Esta acción se enmarca dentro del programa *En residència*. Durante el curso 2022-2023 trabajamos con las artistas Elena Blesa Cábez y Todo por la Praxis con un grupo de tercero de ESO del IES Joan Salvat Papasseit del barrio de la Barceloneta de Barcelona.

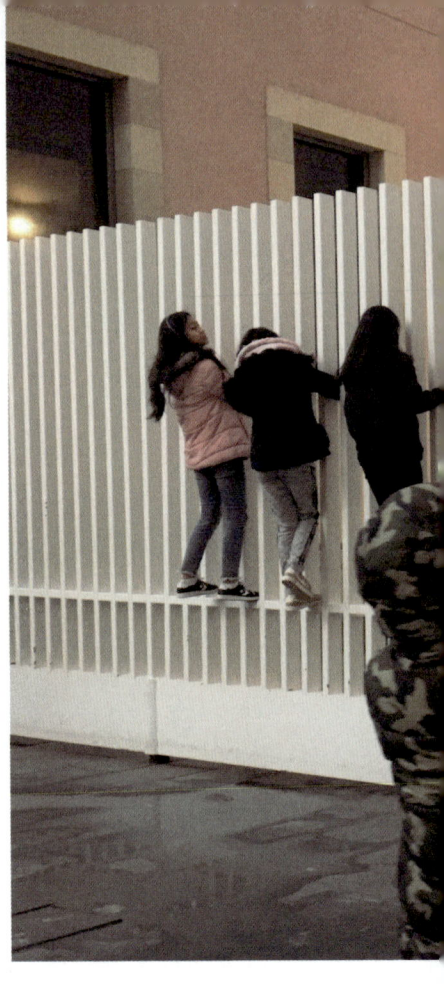

Si hubiera una imagen que sintetizara el trabajo de educadore probablemente estaría hecha con el móvil, borrosa y mal encuadrada. Entre el conjunto de múltiples tareas simultáneas que hace une educadore, podríamos encontrar la de documentar (o intentarlo) aquello que ocurre en un taller. Capturar el preciso instante en que une niñe levanta la tablet para fotografiar al grupo subido a una valla, una acción llevada

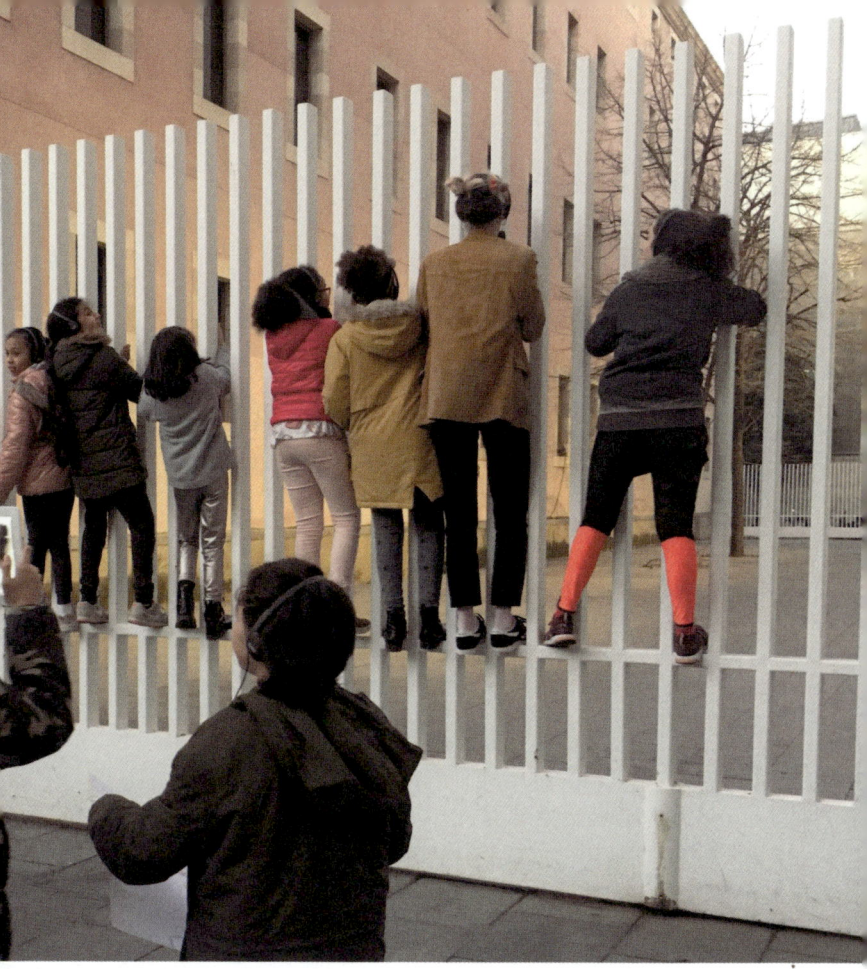

a cabo en la actividad *Los niños y las niñas del barrio* con la artista Christina Fraser, el curso 2019-2020.

Una imagen ordinaria que quedará en el dispositivo, junto a tantas otras que capturan objetos y momentos relevantes para nuestra práctica, pero que difícilmente serán publicables (o incluso archivables) por su falta de calidad o comprensión. También por la dificultad de encontrar el espacio para hacer pública esa imagen. ¿Qué políticas de representación alimentamos en nuestras labores? ¿Cómo representamos un trabajo en proceso? ¿Acaso es importante? ¿Estamos consiguiendo crear una práctica o tradición propia de representación? ¿O, por el contrario, nos hacemos públicos desde parámetros que nos son ajenos, propios de la comunicación o el diseño?

Fanzines como refugios: un espacio de creación y aprendizaje colectivo

Camila González Simon

En 1966, la artista, música y poeta chilena Violeta Parra respondía en una entrevista con la revista *Aquí Está:* «Y como artista soy una hormiguita que busca bajo la tierra dónde poder refugiar su corazón.»[1] Al igual que ella, a través del arte y la edición, creamos refugios de papel para cultivar la creatividad, la libertad y la comunidad.

Durante casi un siglo, los fanzines han sido una manera de comunicar libremente. Con sus raíces en la historia de los medios alternativos, estas pequeñas publicaciones surgen de un proceso de producción editorial experimental y artesanal y se mantienen como un medio de resistencia cultural en los márgenes entre edición, arte, diseño y comunicación.

La búsqueda de una mayor libertad en cuanto a la forma de una página, las ideas de publicación, las exigencias de diseño y las demandas de venta ha inspirado la edición independiente y/o alternativa.[2] Si esta libertad se traslada a contextos pedagógicos y comunitarios, buscamos generar espacios de participación para la creatividad, entendida por

---

1   Marisol García: *Violeta Parra en sus palabras: entrevistas (1954-1967)*. Santiago de Chile: Editorial Catalonia, 2016, p. 81.

2   Maryam Fanni, Matilda Flodmark, Sara Kaaman (eds.): *Natural enemies of books*. Estocolmo: Occasional Papers, 2020, p. 64.

el psicólogo y educador Ferenc Mérei como ese impulso de imaginar otros modos inimaginables de conocimiento.[3]

¿Cómo los fanzines construyen comunidad? ¿Qué podemos aprender al publicarlos como parte de nuestras prácticas comunitarias y pedagógicas? A pesar de que la autopublicación es más común en Latinoamérica que en Europa, la mayoría de los estudios se concentran en países angloparlantes y europeos. Desde mi práctica en Santiago de Chile, me aproximaré a estas preguntas a partir de referencias históricas y teóricas para construir reflexiones articuladas con experiencias propias guiando talleres de fanzines.

Aunque crearlos y distribuirlos sigue siendo el objetivo central, los talleres se han convertido en un espacio fundamental para fortalecer la comunidad. Compartir herramientas y estrategias editoriales, que sean accesibles y económicas, posibilita el encuentro, aprendizaje y goce entre comunidades fluidas y diversas, más allá del circuito especializado. Junto a la iniciativa editorial lésbica HAMBRE,[4] buscamos construir instancias colectivas, libres, creativas y seguras para todas las identidades, donde experimentar las posibilidades de la libertad en el arte a través del papel.

¿Qué son los fanzines?

Los fanzines son publicaciones económicas, alternativas y radicales, creadas con el deseo de expresarse libremente. Una vez producidos, no poseen ISBN y circulan fuera de canales hegemónicos. Según la investigadora Elke Zobl, se pueden crear para expresarnos de forma personal o colectiva, por el

3   Ferenc Mérei: «Foreword to the Hungarian edition of Erika Landau's book "The Psychology of Creativity", 1974» en Dóra Hegyi, Zsuzsa László, Franciska Zólyom (eds.): *Creativity Exercises: Emancipatory Pedagogies in Art and Beyond.* Londres: Sternberg Press, 2020, p. 18.

4   Desde 2019, junto a la artista Daniela Josefina, construimos HAMBRE, una iniciativa editorial lésbica que amplifica discursos y visualidades disidentes desde Latinoamérica a través de fanzines, talleres y encuentros. Para más información, visita www.hambrehambrehambre.com.

goce de hacerlos, como un medio para la creatividad o una práctica para ser parte de una comunidad.

Tradicionalmente, se definen como pequeñas revistas no comerciales autopublicadas; sin embargo, sus posibilidades se expanden más allá de un simple formato. Si «los fanzines, así como el cuerpo, cambian con el tiempo»,[5] debemos entenderlos como una «experiencia de publicación autónoma».[6]

El proceso de edición artesanal se caracteriza por la participación de sus creadores en la fase de producción, lo que vuelve borrosa la frontera entre productores y lectores. Tal como señala Walter Benjamin, una obra de un autor que se sitúa como productor debe motivar a otros a producir y fomentar colaboraciones.[7] Esta idea hace eco en lo planteado

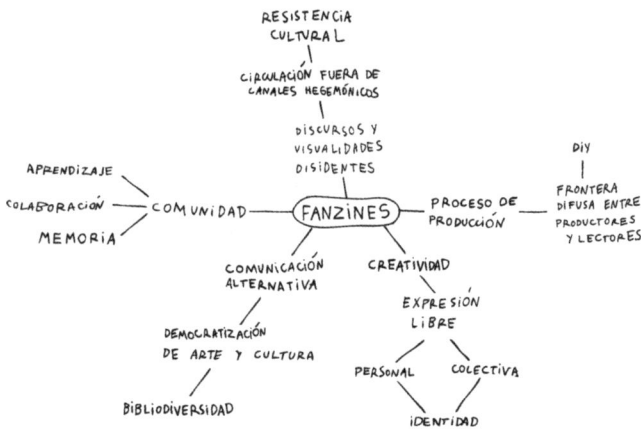

5   Alison Piepmeier: *Girl Zines: Making Media, Doing Feminism*. Nueva York: NYU Press, 2009, p. 28.

6   Nazareno Bravo: «Fanzines y autogestión como estrategia y sentido. Un estudio en la provincia de Mendoza (2015-2020)», *RevCom*, núm. 13 (2021), p. 2.

7   Walter Benjamin: *Walter Benjamin: Selected Writings*. Cambridge: Harvard University Press, 2005, p. 777.

por Ulises Carrión en su texto *El arte nuevo de hacer libros*
(1975): publicar no solo es crear contenido, sino participar del
proceso completo. Por lo tanto, en este proceso radica la posibilidad «de repolitizar el oficio y las prácticas editoriales».[8]

Los fanzines tejen redes de afectos entre colaboradores
mediante procesos de creación, producción y circulación.[9] En
su contenido y materialidad se comunica lo personal como
algo político, haciendo referencia a la frase icónica de la lucha
feminista: en los fanzines, lo editorial es político.

Esta práctica contracultural y *amateur* inspira una vi-
sión democrática del arte y la cultura. Publicar implica un
cuestionamiento del estatus hegemónico del libro y de quién
tiene la autoría (o autoridad) para escribirlos. Para enfatizar
este punto, rescato las palabras de la artista Lucía Egaña,
quien afirma que «para hacer un fanzine no hay que pedirle
permiso a nadie. Es como crear una vida que no necesita permiso para existir».[10]

Edición experimental comunitaria como medio de resistencia

La palabra *fanzine* surgió en 1930 en Estados Unidos, como
una combinación de *magazine* y *fan*, para referirse a las publicaciones creadas por comunidades de fanáticos. Aunque
se suele apuntar a *The Comet* como el primer fanzine, Alison
Piepmeier rescata la producción editorial de mujeres que surgió durante los siglos XIX y XX, a pesar de los múltiples obstá-
culos para publicar.

---

8   Eric Schierloh: *Manual de edición artesanal*. Santiago de Chile: Alquimia
      ediciones, 2022, p. 62.
9   Alison Piepmeier: «Why Zines Matter: Materiality and the Creation of Em-
      bodied Community» en *American Periodicals*, vol. 18, núm. 2. Columbus:
      Research Society for American Periodicals, 2008, p. 214.
10   Iurhi Peña: *Autoeditoras: Hacemos Femzines!: una archiva de fanzines
      feministas mexicanos, latinoamericanos y de otras latitudes recopilados
      del 2015 al 2020*. Ciudad de México: Beibi Creisi, 2021, p. 43.

Ya desde el siglo XVI, otros formatos editoriales como los *chapbooks* o la literatura de cordel ampliaron el acceso a nuevos lectores y estilos de lectura. Estas publicaciones prefiguraron la edición alternativa, caracterizada por el ingenio, la precariedad, la creatividad y la resistencia a las convenciones editoriales. Los fanzines también comparten mucho con las publicaciones de artistas como medios de expresión íntimos y libres. Por eso, sus historias están indudablemente entrelazadas.

La popularización del mimeógrafo y la fotocopiadora durante la segunda parte del siglo XX fomentó el surgimiento de fanzines y afiches en todo el mundo, lo que acercó la comunicación y la edición a comunidades tradicionalmente excluidas de estos procesos y, por tanto, desafió los límites de las culturas editoriales.[11] Mediante su publicación y circulación, se legitiman experiencias cotidianas más allá de limitaciones sociopolíticas.[12]

Desde Latinoamérica, los fanzines surgieron como reacción a la represión y opresión de las dictaduras. Algunos antecedentes en tanto que publicaciones experimentales son las revistas de Edgardo Antonio Vigo, Clemente Padín y Miguel Ángel Guereña en Argentina y Uruguay, así como la revista *El corno emplumado* en México, que entre los años cincuenta y sesenta construyeron una propuesta editorial como parte de la obra poética-conceptual.[13] El canon de la edición experimental también puede ser desafiado por la ausencia de artistas de Latinoamérica y, aún más, de mujeres como Cecilia Vicuña,[14] Lygia Clark, Vera Chaves Barcellos

11   Kate Eichhorn: *Adjusted Margin: Xerography, Art, and Activism in the Late Twentieth Century.* Cambridge: MIT Press, 2016.

12   Rosemary Clark-Parsons: «Feminist Ephemera in a Digital World: Theorizing Zines as Networked Feminist Practice», *Communication, Culture and Critique* de la International Communication Association, vol. 10, núm. 4, 2017, pp. 557-573.

13   Daniela Hermosilla Zuñiga: *Revistas de artista. Reflexiones desde su legado documental.* Santiago de Chile: Ediciones Metales Pesados, 2023.

14   La artista y poeta chilena Cecilia Vicuña publica *Sabor a mí* (1973) junto a

y Lenora de Barros, que no suelen ser parte del relato desde la historia del arte y que son rescatadas en la publicación *Ensayo 2: We want to know* (2022) de la comisaria e investigadora Mela Dávila Freire.

Raymond Williams señala que la cultura, entendida como un medio de resistencia, se convierte en un campo donde se pueden imaginar otras posibilidades para luchar por el cambio social.[15] Las propuestas del artista y editor mexicano Felipe Ehrenberg y de la artista norteamericana Rini Templeton son inspiración porque exploran la labor editorial como eje clave de la educación comunitaria entre los años sesenta y ochenta en México.

Durante su exilio en Inglaterra en 1971, Felipe Ehrenberg y Martha Hellion fundan la editorial Beau Geste Press. Al regresar a México en 1974, proponen instaurar un modelo organizativo editorial que, a su vez, construya redes entre escuelas normalistas para promover el cooperativismo y la solidaridad y, sobre todo, articular una voz propia y autónoma. Esta propuesta es plasmada en el *Manual del editor con huaraches*, que luego es rescatada por Nicolás Pradilla en su libro, que sitúa y comparte las herramientas de los seminarios editoriales.[16]

Años después, Rini Templeton trabaja en un manual de labores de prensa y propaganda mientras forma parte de la Universidad Autónoma Metropolitana Unidad Xochimilco de México, que, sin embargo, permaneció inédito hasta su recuperación mediante el libro *Folleto de folletos: nueve pasos para preparar impresos y un anexo contra la desesperación* (2023). Su editora Yissel Arce Padrón destaca su ímpetu por

la editorial Beau Geste Press dos meses después del golpe cívico-militar en Chile.

15   Stephen Duncombe: *Cultural Resistance Reader*. Londres, Nueva York: Verso, 2002, p. 35.

16   Nicolás Pradilla: *Un modelo de organización colectiva para la subjetivación política. El manual del editor con huaraches y los seminarios de labor editorial en escuelas normales rurales en México*. Ciudad de México: Taller de Ediciones Económicas, 2019.

«crear propuestas gráficas en función de causas y movimientos populares».[17]

Comprender la potencia de la comunicación y edición libre y comunitaria como una forma de activismo me inspira a reflexionar sobre la práctica fanzinera y a compartir lo aprendido en el oficio a través de talleres, experiencias colectivas, manuales y diagramas. Por eso, tres palabras guían mi práctica: fanzines para todes.

Fanzines para todes: talleres de experimentación y aprendizaje

Queride lectore, imagina una mesa colectiva llena de papeles y materiales, donde personas de distintas edades, géneros y experiencias crean juntas. Estamos en un taller de fanzines en el Museo Violeta Parra donde experimentamos el proceso editorial artesanal a través de la creación, producción y edición de un fanzine colectivo.

Les participantes llegan con diversas motivaciones: aprender a editar artesanalmente para replicarlo en sus espacios comunitarios y culturales; crear de forma colectiva fuera de sus casas; o por la curiosidad de experimentar con la materialidad desde lo artesanal y lo económico. Entonces, editar se transforma en un proceso de aprendizaje, donde el oficio se construye en la práctica; y compartir el proceso de edición artesanal permite reflexionar sobre la práctica y cultivar comunidad.

En la primera sesión, recorremos el museo y observamos nuestro entorno con curiosidad creativa en busca de imágenes y palabras para compartir lo que nos inspira y sentimos en ese instante. A partir de lo creado personalmente, buscamos lo que aparece en común. El comité editorial está

---

17   Rini Templeton y Yissel Arce Padrón: *Folleto de folletos: nueve pasos para preparar impresos y un anexo contra la desesperación.* Ciudad de México: Universidad Autónoma Metropolitana, 2023, p. 8.

constituido por todas las personas del taller. La colectividad ofrece varios desafíos: tomar decisiones representativas, respetar la creación y experiencia, reflexionar y plasmar nuestra intimidad. Aun así, construimos una efímera memoria colectiva a partir de pequeños fragmentos.

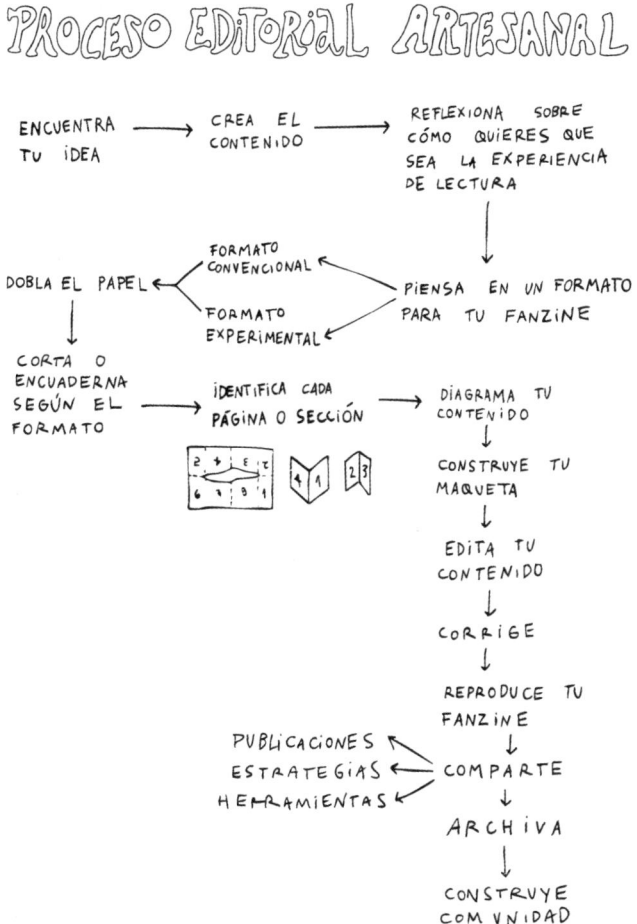

PROCESO EDITORIAL ARTESANAL

ENCUENTRA TU IDEA → CREA EL CONTENIDO → REFLEXIONA SOBRE CÓMO QUIERES QUE SEA LA EXPERIENCIA DE LECTURA

PIENSA EN UN FORMATO PARA TU FANZINE

FORMATO CONVENCIONAL
FORMATO EXPERIMENTAL

DOBLA EL PAPEL

CORTA O ENCUADERNA SEGÚN EL FORMATO → IDENTIFICA CADA PÁGINA O SECCIÓN → DIAGRAMA TU CONTENIDO

CONSTRUYE TU MAQUETA

EDITA TU CONTENIDO

CORRIGE

REPRODUCE TU FANZINE

PUBLICACIONES
ESTRATEGIAS ← COMPARTE
HERRAMIENTAS

ARCHIVA

CONSTRUYE COMUNIDAD

CREA TUS PUBLICACIONES, COLABORA
CON OTRES, EXPERIMENTA EL
PROCESO COMPLETO DE PRODUCCIÓN
Y SÉ PARTE DE UNA COMUNIDAD
HORIZONTAL, LIBRE Y RADICAL

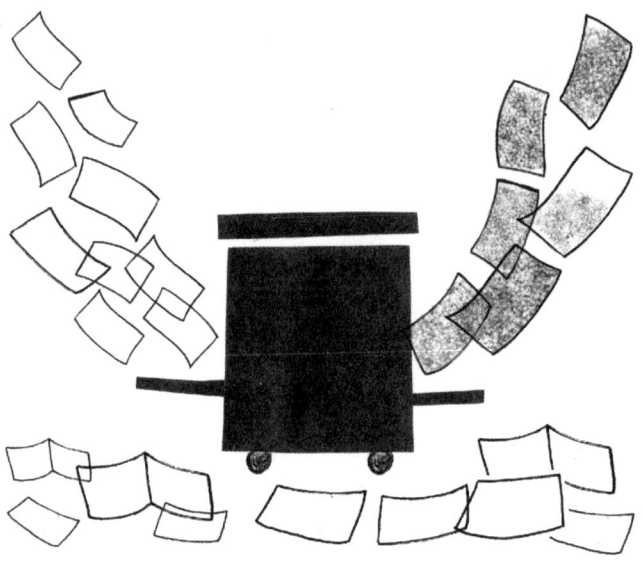

lo editorial es político

Dibujo de *Fanzines para todes*.

Terminamos el taller con una maqueta con correcciones y el compromiso de reencontrarnos para corregir, imprimir, plegar, encuadernar y lanzar nuestro fanzine en el museo. Esta publicación se sumará a nuestra fanzinoteca, donde será leída por otras personas que se acerquen al centro de documentación comunitaria y, esperamos, sigan motivándose para aprender, crear libremente y publicar.

Conclusiones

Queride lectore, somos muchas hormiguitas construyendo refugios interconectados bajo tierra. Somos una comunidad de seres que, con pequeños y esperanzados gestos, buscamos una práctica que brinde un espacio seguro, inclusivo y libre para la creación, el aprendizaje y la colaboración.

Los fanzines ofrecen un medio creativo y pedagógico que fomenta la participación activa y el aprendizaje horizontal. A través de su producción colectiva, es posible archivar una diversidad de experiencias y voces, así como reflexionar sobre la memoria local y personal. La articulación entre edición experimental y educación comunitaria ofrece la posibilidad de explorar procesos creativos, políticos y pedagógicos desde lo íntimo hacia lo público. Así, trascienden el tiempo y el espacio del taller, actuando como semillas de las que brotarán libremente nuevas lecturas y creaciones.

CAMILA GONZÁLEZ SIMON es editora, periodista e investigadora. Codirige HAMBRE, iniciativa editorial lésbica que amplifica el trabajo de mujeres y disidencias latinoamericanas a través de fanzines y experiencias comunitarias. En 2022, participó en el *lumbung of Publishers* en Documenta 15 y, en 2025, recibió la primera beca Printed Matter Publisher Work. Es autora de *Fanzines para todes* (HAMBRE, 2022), un manual para crear fanzines, basado en su investigación sobre sus posibilidades como herramienta de resistencia colaborativa.

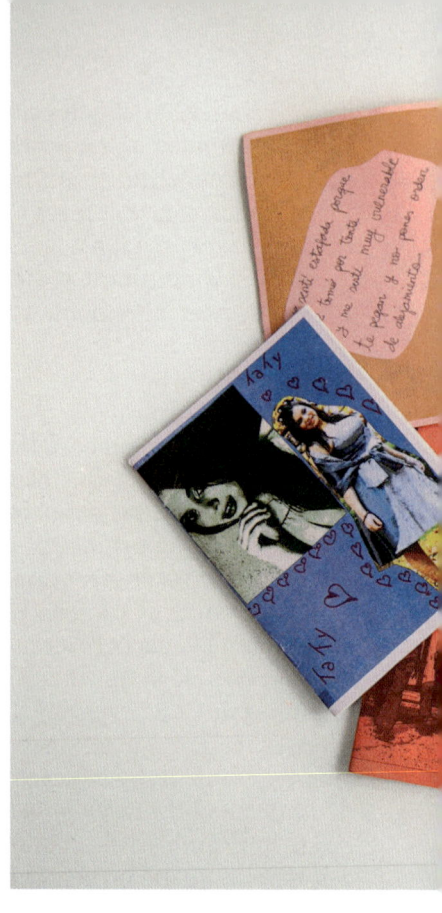

Metzineres, nuestres vecines. Un lugar de complicidad y apoyo mutuo,
de activismo de los cuidados, «una
cooperativa sin ánimo de lucro ubica-
da en el Raval que crea entornos de
cobijo para mujerxs que usan drogas»,
según se autodefinen. Semanalmente,
cada lunes, llevamos a cabo con elles
un taller de fanzine durante más de
dos años y medio, entre 2021 y 2023.
El fanzine sirvió de excusa para rom-
per el hielo y acercarse a elles, a sus
historias recónditas e invisibilizadas.
A sus vidas.

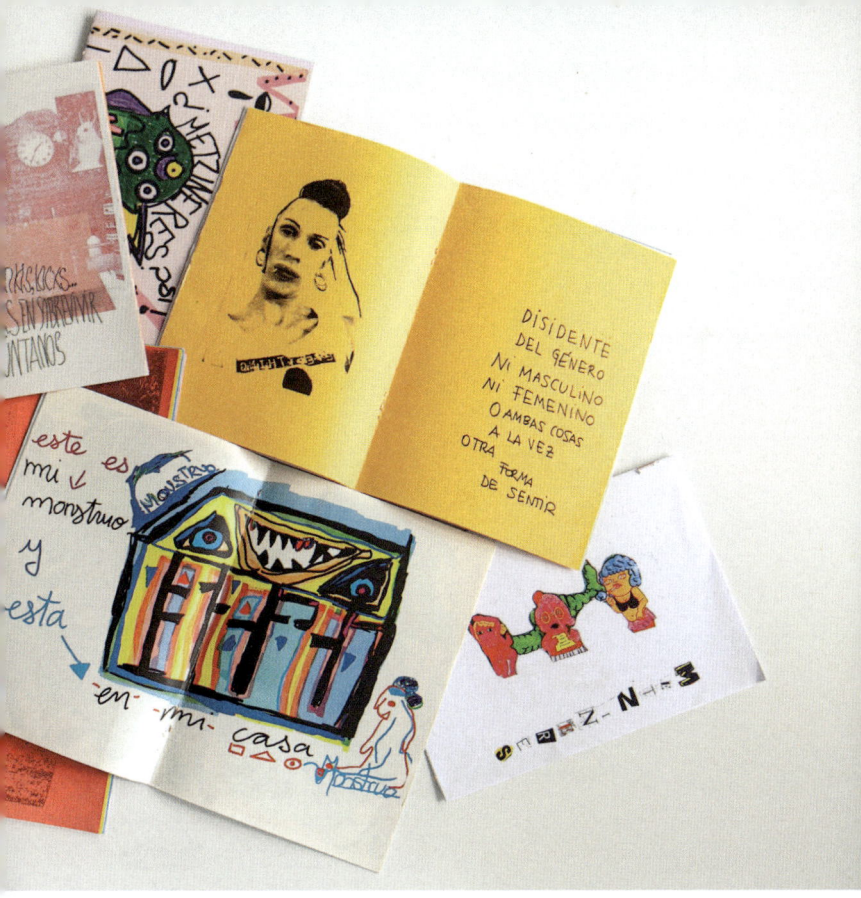

¿Cómo lidiar con los nervios, la incertidumbre y la preocupación que implica empezar a generar un espacio de confianza? ¿Desde dónde iniciar este acercamiento? Aliarse con el hacer, con la curiosidad que este genera y que arranca esas primeras palabras de contacto: ¿Qué es esto que haces? ¿Sabes lo que es un fanzine? ¿Me ayudas? ¿Es fácil? ¿Te gusta dibujar, escribir, hacer collage?

La palabra posibilita un nuevo espacio, el de la escucha atenta, y un hilo a partir del cual comenzar a tejer un entorno de complicidad, de vínculo, desde donde es posible empezar a trabar ideas para pensar y hacer juntos. ¿Cómo te llamas? ¿Hay algo que te gustaría contar? ¿Te gusta cocinar, cuál es tu receta preferida?

Como educadore, activas un taller de fanzine, que empieza a ser rico como experiencia compartida justo cuando decides que, más que dirigir, lo mejor es abrirse y mostrarles que hacer un fanzine es algo que tú también quieres aprender, y que lo quieres hacer con elles.

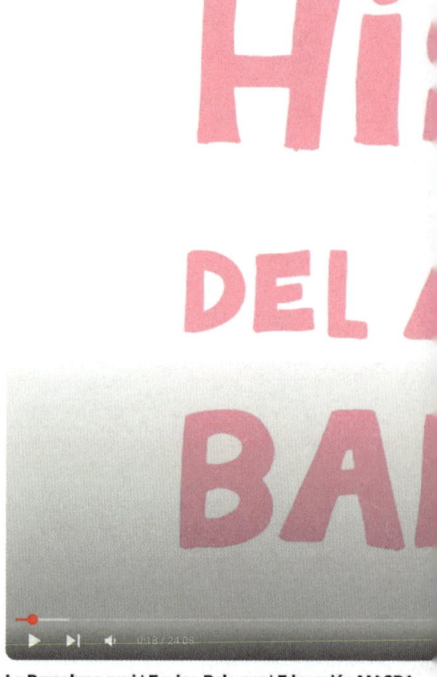

La Barcelona sexi | Equipo Palomar | Educación MACBA

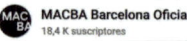 MACBA Barcelona Oficial ☑
18,4 K suscriptores

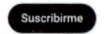 Suscribirme

1,3 K visualizaciones hace 6 años #MacbaBCN #MACBAeducació
"La Barcelona sexi" se centra en la historia del arte que marca la ciudad desde los
reconocimiento y consideradas artistas menores. Carmen Tórtola Valencia, Jean G
...más

¿Qué tipo de práctica educativa permite o promueve YouTube? Aunque desde el ámbito educativo estamos constantemente creando contenidos y adaptándolos a la realidad que nos encontramos en cada situación, pocas veces hemos difundido esta labor en un canal como YouTube. Desde su inicio en 2019, *Historias del arte desde Barcelona. Proyecto de arte en el instituto* atiende con especial interés al

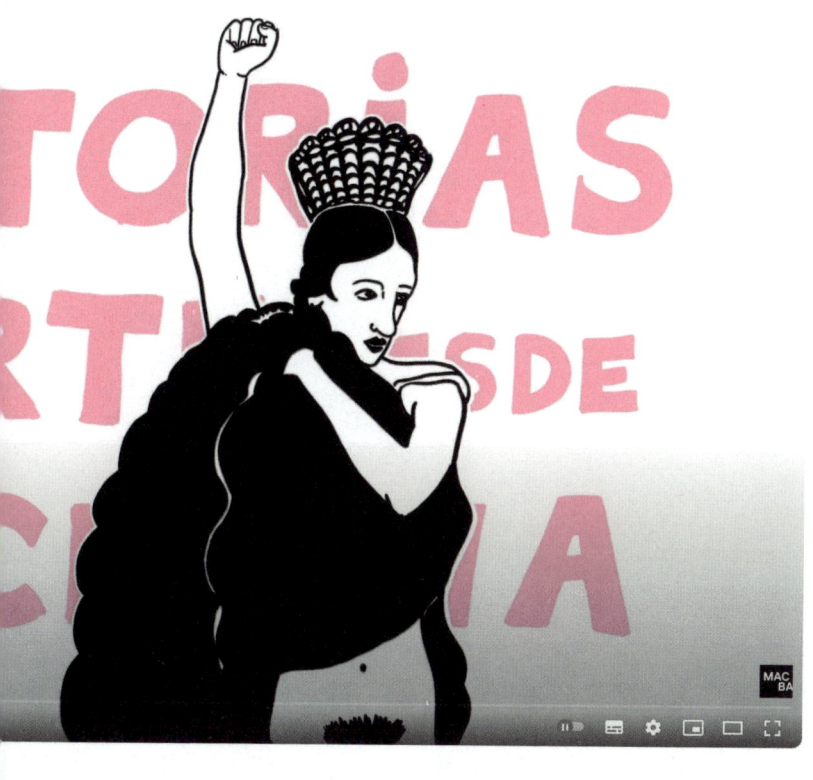

...tros días, con figuras que −por integrar el erotismo, la seducción y utilizar el género como medio de expresión y provocación− han sido relegadas del ...milo, Nazario o Cardín son algunas de ellas.

hecho de compartir/socializar contenidos creados desde el departamento de Educación a través de vídeos, acompañados por un dosier pedagógico, que se suben a la web del museo.

Una vez publicado en YouTube el audiovisual, la plataforma te hace prescindir del dosier y el vocabulario es claro: *suscriptores, me gusta o no me gusta, comparte, visualizaciones, #MacbaBCN, ...más*. Las políticas de visualización, atención y jerarquización de los distintos canales se encuentran con las políticas educativas. En ese encuentro pueden suceder muchas cosas: para ver el capítulo de «La Barcelona sexi», por ejemplo, YouTube te obliga a suscribirte y confirmar tu edad.

6 agujeritos
negros en
la galaxia

Belén
Soto

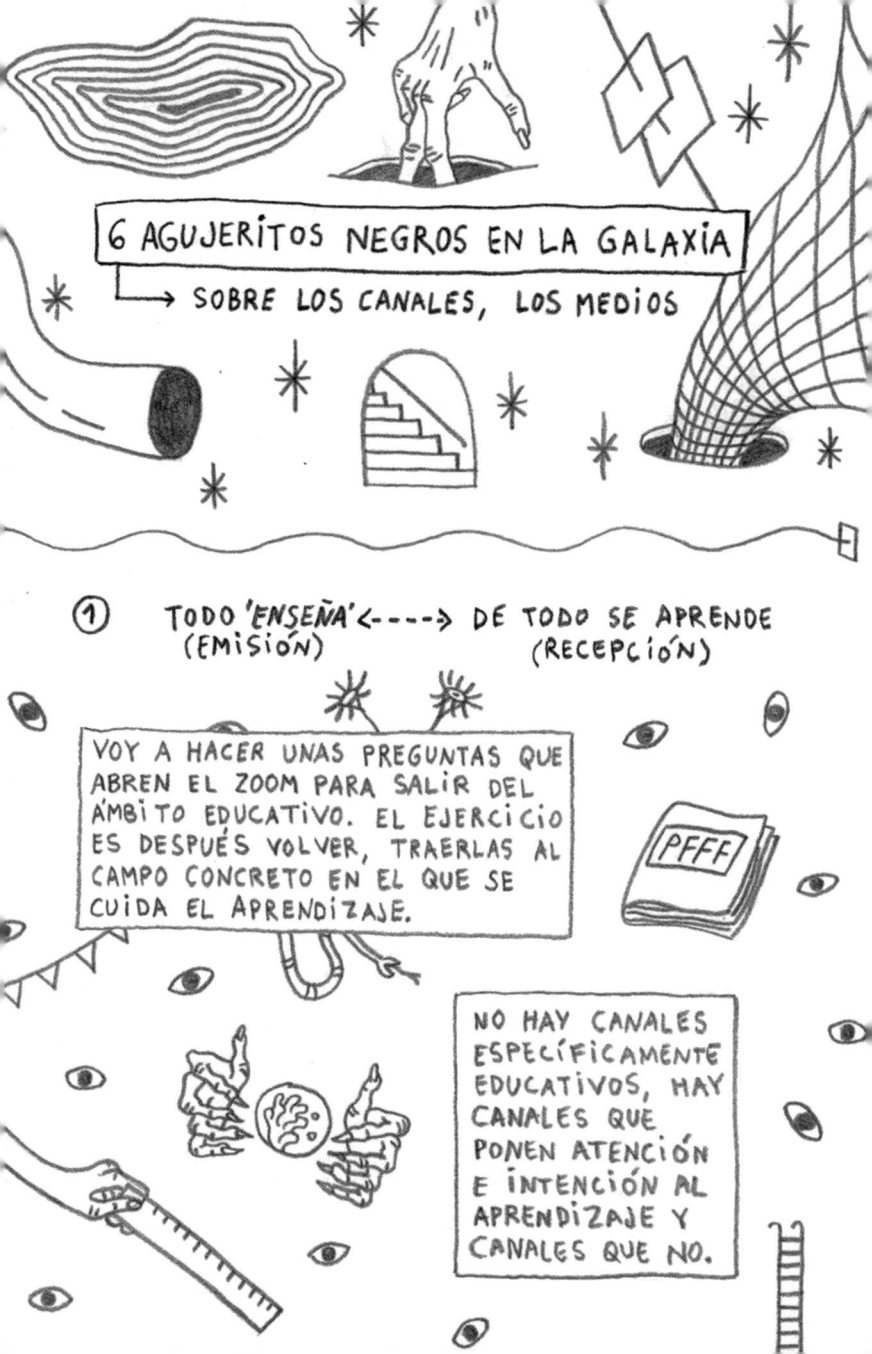

6 AGUJERITOS NEGROS EN LA GALAXIA

↳ SOBRE LOS CANALES, LOS MEDIOS

① TODO 'ENSEÑA' ‹----› DE TODO SE APRENDE
    (EMISIÓN)   (RECEPCIÓN)

VOY A HACER UNAS PREGUNTAS QUE ABREN EL ZOOM PARA SALIR DEL ÁMBITO EDUCATIVO. EL EJERCICIO ES DESPUÉS VOLVER, TRAERLAS AL CAMPO CONCRETO EN EL QUE SE CUIDA EL APRENDIZAJE.

PFFF

NO HAY CANALES ESPECÍFICAMENTE EDUCATIVOS, HAY CANALES QUE PONEN ATENCIÓN E INTENCIÓN AL APRENDIZAJE Y CANALES QUE NO.

(2) DISTINTOS CANALES INCITAN IMAGINARIOS, PERFORMATIVIDADES Y CONCIENCIAS POLÍTICAS
(UN LIBRO DE TEXTO, UNA PELÍCULA, LA WEB DEL MUSEO, LA WEB DEL ZARA, TIKTOK, UN PERFIL DE TWITTER, LA MANERA EN LA QUE ESTOY EN LA CALLE, LAS LLAMADAS TELEFÓNICAS DE MI MADRE, EL CHAT DE GRUPO DEL CURRO, MI AMIGX QUE ME HABLA MIRÁNDOME A LOS OJOS...)

DISTINTAS.

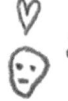

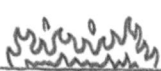

¿CÓMO SE PROCESA LA INFORMACIÓN DE CADA FUENTE? ¿QUÉ REACCIONES INTELECTUALES, GESTUALES O EMOCIONALES SON FRECUENTES?

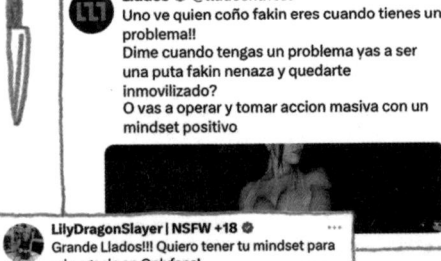

LA SOBERANÍA DE LO QUE PUBLICAMOS FLUCTÚA SEGÚN LA PROPIEDAD DE LOS CANALES: SI SON LIBRES O COMUNES, (VOZ/CUERPOS PRESENTES, FANZINES, RADIO COMUNITARIA, WEB EN UN SERVIDOR PROPIO...), PÚBLICOS (LOCALES/ESTATALES/ETC, DE INSTITUCIONES...) O PRIVADOS (META PLATFORMS, INTERHUB, GOOGLE, REPSOL, ENDESA...)

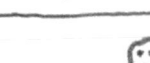

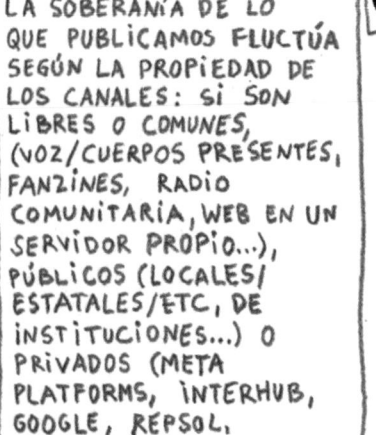

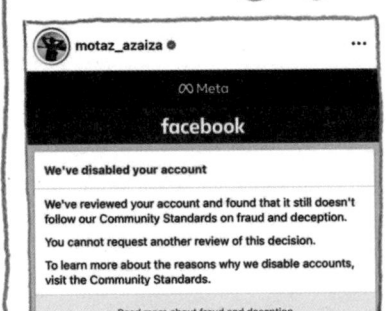

¿QUÉ PASA SI MAÑANA WORDPRESS —GESTOR DE MUCHAS WEBS AUTOGESTIONADAS DE COLES, EDUCADORXS, PROYECTOS INDEPENDIENTES... ESTABLECE UNA CUOTA DE 20€/MES?

③ LA EXPERIENCIA ALUCINÓGENA DE LA LECTURA
(WALTER BENJAMIN EN 'PARACINEMA', LIBRO DE ESPERANZA COLLADO).

CUANDO LA LECTURA PROVOCA UN AUTÉNTICO DIÁLOGO SE PROVOCA UNA ALUCINACIÓN QUE TE DESPLAZA A LAS IDEAS EXPUESTAS.

LOS MEDIOS ESTÁN MANIDOS,
COMO LAS PATATITAS
QUE SE HAN QUEDADO ENCIMA
DE LA MESA MUCHO RATO
Y NADIE HA SIDO CAPAZ
DE COMÉRSELAS
Y MIENTRAS MÁS RATO PASA,
MENOS GANAS DAN
MÁS MANIDAS ESTÁN

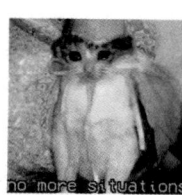
no more situations

LA COMUNICACIÓN POR RRSS ESTÁ MANIDA Y NO ALUCINA, SIMPLEMENTE MANTIENE EN EL ESTADO PERMANENTE DE DISOCIACIÓN (DESAFECTADA, PORQUE NO SOPORTA NI UNA SITUATION MÁS)

también excedemos las palabras
hasta hacerlas temporalmente
aborrecibles
cuidado devenir mediaci-¡PUAJ!
Hay palabras que no pueden ser
sustituidas?
MUERTE AMOR VIDA
o también les tendré asco
dentro de poco?

¿DE QUÉ FORMA SE SATURAN LOS CANALES HABITUALES —POR EJEMPLO: LAS RRSS— Y DE QUÉ FORMAS NOS ADENTRAMOS EN UNAS GRIETAS DE SUS USOS QUE PRODUCEN UNA AFECTACIÓN MÁS 'VERDADERA' EN LA LECTURA?

ÁNGELA SEGOVIA PUBLICA ESTE STORI DE ALGO EN LO QUE ESTÁ TRABAJANDO PARA UN LIBRO FUTURO:

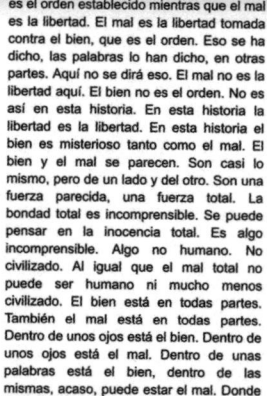

angela.segoviasoriano 46min

Se ha dicho en otras historias que el bien es el orden establecido mientras que el mal es la libertad. El mal es la libertad tomada contra el bien, que es el orden. Eso se ha dicho, las palabras lo han dicho, en otras partes. Aquí no se dirá eso. El mal no es la libertad aquí. El bien no es el orden. No es así en esta historia. En esta historia la libertad es la libertad. En esta historia el bien es misterioso tanto como el mal. El bien y el mal se parecen. Son casi lo mismo, pero de un lado y del otro. Son una fuerza parecida, una fuerza total. La bondad total es incomprensible. Se puede pensar en la inocencia total. Es algo incomprensible. Algo no humano. No civilizado. Al igual que el mal total no puede ser humano ni mucho menos civilizado. El bien está en todas partes. También el mal está en todas partes. Dentro de unos ojos está el bien. Dentro de unos ojos está el mal. Dentro de unas palabras está el bien, dentro de las mismas, acaso, puede estar el mal. Donde el bien y el mal se tocan, es ahí donde debe estar dios, es como la punta del cuchillo que señala el lugar donde está

PARA TÍ ES 💣 O #MUCHOTEXTO?

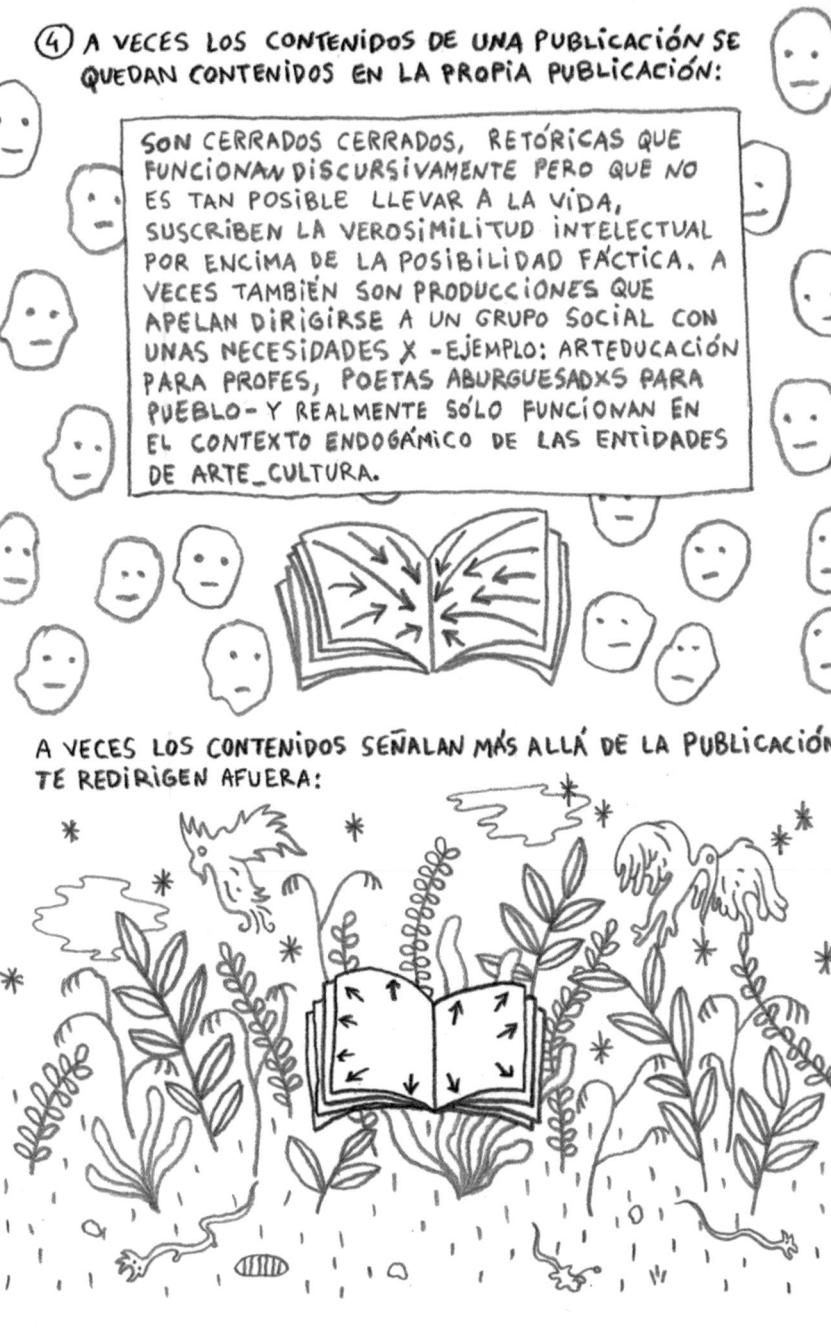

④ A VECES LOS CONTENIDOS DE UNA PUBLICACIÓN SE QUEDAN CONTENIDOS EN LA PROPIA PUBLICACIÓN:

SON CERRADOS CERRADOS, RETÓRICAS QUE FUNCIONAN DISCURSIVAMENTE PERO QUE NO ES TAN POSIBLE LLEVAR A LA VIDA, SUSCRIBEN LA VEROSIMILITUD INTELECTUAL POR ENCIMA DE LA POSIBILIDAD FÁCTICA. A VECES TAMBIÉN SON PRODUCCIONES QUE APELAN DIRIGIRSE A UN GRUPO SOCIAL CON UNAS NECESIDADES X -EJEMPLO: ARTEDUCACIÓN PARA PROFES, POETAS ABURGUESADXS PARA PUEBLO- Y REALMENTE SÓLO FUNCIONAN EN EL CONTEXTO ENDOGÁMICO DE LAS ENTIDADES DE ARTE_CULTURA.

A VECES LOS CONTENIDOS SEÑALAN MÁS ALLÁ DE LA PUBLICACIÓN TE REDIRIGEN AFUERA:

⑤ A VECES HACEMOS PÚBLICAS AFIRMACIONES Y/O DEMANDAS SIN TOMAR CONCIENCIA O RESPONSABILIDAD DE LAS CONSECUENCIAS -MÁS OBVIAS O MÁS INESPERADAS.

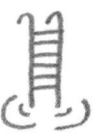

EJEMPLO: ¿PARA QUÉ Y A QUIÉN SIRVEN LAS CANCELACIONES, LOS CASTIGOS? ¿QUÉ OCURRE CON EL PODER CUANDO SE PARTICULARIZA EL CASTIGO EN LUGAR DE ABORDAR ESTRATEGIAS QUE TRANSFORMEN LA VIOLENCIA ESTRUCTURAL?
¿QUIÉN SE HACE CARGO DE LXS EXCLUIDXS CUANDO SE LES EXPULSA DE UN ESPACIO, UN TIEMPO Y UN GRUPO DE PERSONAS? ¿CÓMO DISCERNIR LA GRAVEDAD DE UN ERROR O UNA OFENSA? ¿HAY LÍMITES A PARTIR DE LOS CUALES ES LÍCITO DEJAR LA PEDAGOGÍA?
¿QUÉ FAVORECE HACER PÚBLICOS U OFICIALIZAR DISCURSOS CERRADOS E IDENTITARIOS SOBRE LO 'MALA' QUE ES UNA PERSONA QUE HA HECHO ALGO MAL? ¿SI ALGUIEN HACE UNAS COSAS MAL, PIERDE VALOR TODO LO DEMÁS QUE HACE?
¿HASTA DÓNDE HAY QUE PRIORIZAR LA PROTECCIÓN DE LA PROPIA SALUD MENTAL DEJÁNDOSE DE EXPONER A CIERTAS SITUACIONES Y HASTA DÓNDE HAY QUE DEJAR DE EVITAR HABLAR CLARA Y HONESTAMENTE DE NUESTROS MIEDOS, DIFERENCIAS Y LÍMITES?

¿DE DÓNDE SACAR LAS FUERZAS SI ESTAMOS PERMANENTEMENTE CANSADES?

⑥ SOBRE TOMAR TODO LO QUE LEEMOS COMO UNA PROPUES[TA]
CERRADA, DEFINITIVA, ÚNICA, LITERAL O VERÍDICA:

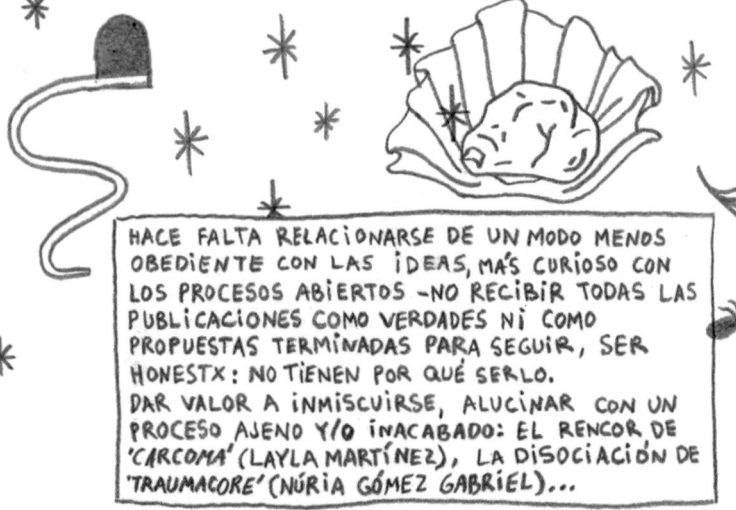

HACE FALTA RELACIONARSE DE UN MODO MENOS
OBEDIENTE CON LAS IDEAS, MÁS CURIOSO CON
LOS PROCESOS ABIERTOS –NO RECIBIR TODAS LAS
PUBLICACIONES COMO VERDADES NI COMO
PROPUESTAS TERMINADAS PARA SEGUIR, SER
HONESTX: NO TIENEN POR QUÉ SERLO.
DAR VALOR A INMISCUIRSE, ALUCINAR CON UN
PROCESO AJENO Y/O INACABADO: EL RENCOR DE
'CARCOMA' (LAYLA MARTÍNEZ), LA DISOCIACIÓN DE
'TRAUMACORE' (NÚRIA GÓMEZ GABRIEL)...

LEER A MARK FISHER NO TENDRÍA POR QUÉ
PROMOVER UN MAYOR APEGO A TU DEPRESIÓN QUE
A LA POSIBILIDAD DE ENCONTRARTE MEJOR.

LAS TENDENCIAS Y LOS DISCURSOS INFLAMADOS PROVOCAN VACÍOS
DESPUÉS, SILENCIOS IMPUESTOS. ORNE CABRITA ME CONTÓ QUE
QUERÍA HACER UN FANZINE SOBRE LA CARA MÁS INCÓMODA DE LA T[OP]
SURGERY: DEBIDO AL CONTEXTO DE ULTRADERECHA Y ODIO HACIA L[AS]
PERSONAS TRANS, ENTRE LOS PROPIOS CANALES Y COMUNIDADES
TRANS SE DULCIFICA EL DISCURSO INFORMATIVO PARA QUIENES
QUIEREN OPERARSE Y SE HACEN MENOS VISIBLES LOS 'WARNINGS' [EN]
TORNO A LAS PROBABLES COMPLICACIONES. DESPUÉS, CUANDO TE
HACES LA TOP SURGERY Y NO ES TODO UN CAMINO DE ROSAS, TE
ASUSTAS MUCHO PORQUE PIENSAS QUE TE OCURRE ALGO RARÍSIMO
QUE ALGO MALO TE SUCEDE. PARA ALGUNXS, ESTE TIPO DE
INFORMACIONES SON CONSIDERADAS 'PELIGROSAS' Y QUE DEBERÍA[N]
OCULTARSE DE LO PÚBLICO PARA EVITAR QUE SEAN MANIPULADAS [EN]
CONTRA DEL COLECTIVO. PARA OTRXS, ES PRIORITARIO FACILITA[R]
EL ACCESO A LA INFORMACIÓN PARA QUIEN NO TIENE REDES MÁS
ÍNTIMAS QUE SE LA PUEDAN HACER LLEGAR.

BELÉN SOTO es responsable de los programas públicos de Hamaca, plataforma de vídeo experimental con sede en Barcelona. Ha formado parte de diversos colectivos artísticos y proyectos de militancia cultural como DU-DA, TMTMTM o Galaxxia. Recientemente ha publicado *¿pasarás a despedirte?* (Blatt & Ríos, 2024) y, desde Hamaca, *Conflicto no es lo mismo que abuso* (La Escocesa, 2024) junto a Laura Macaya.

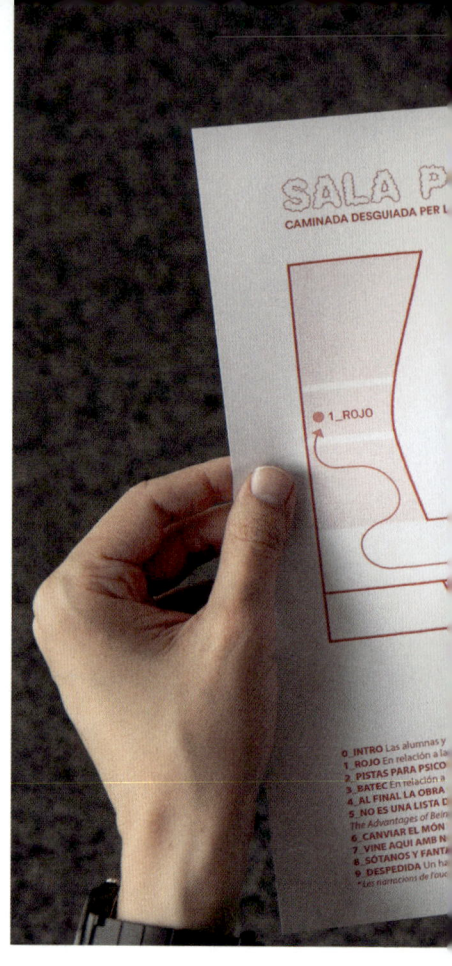

¿Qué voces están legitimadas para hablar de una obra, una colección, un museo y cuáles no? De esta pregunta parte el proyecto *Sala para salear. Caminada desguiada per l'exposició Un segle breu. Col·lecció MACBA*, a cargo de Itxaso Corral Arrieta, Antonio Gagliano y Alba Rihe y llevado a cabo durante el curso 2020-2021 con el alumnado de primero de bachillerato artístico del IES Consell de Cent.

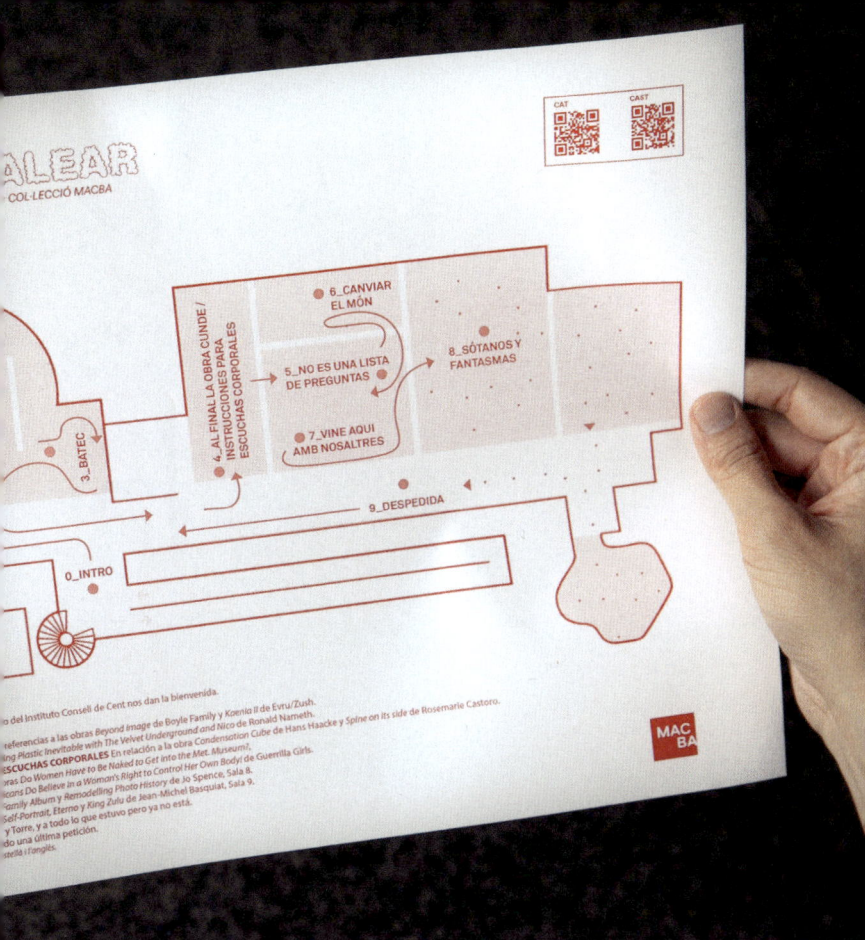

SALEAR
COL·LECCIÓ MACBA

CAT   CAST

6_CANVIAR EL MÓN

4_AL FINAL LA OBRA CUNDE / INSTRUCCIONES PARA ESCUCHAS CORPORALES

5_NO ES UNA LISTA DE PREGUNTAS

8_SÓTANOS Y FANTASMAS

3_BATEC

7_VINE AQUI AMB NOSALTRES

9_DESPEDIDA

0_INTRO

o del Instituto Conselli de Cent nos dan la bienvenida.

referencias a las obras *Beyond Image* de Boyle Family y *Koenig II* de Evru/Zush.
king Plastic Inevitable with The Velvet Underground and Nico de la obra *Condensation Cube* de Hans Haacke y *Spine on its side* de Rosemarie Castoro.
ESCUCHAS CORPORALES En relación a las obras
ras *Do Women Have to be Naked to Get into the Met. Museum?*,
cons *Do Believe in a Woman's Right to Control Her Own Body* de Guerrilla Girls.
amily Album y *Remodelling Photo History* de Jo Spence, Sala 8.
Self-Portrait, *Eterno y King Zulu* de Jean-Michel Basquiat, Sala 9.
y Torre, y a todo lo que estuvo pero ya no está.
do una última petición.
stella i l'anglès.

MAC BA

A lo largo de las sesiones se generaba un relato propio sobre la exposición, pasando por el cuerpo, el sonido y el mapeado. Bajo categorías como «Al final la obra cunde», «Canviar el món» o «Sótanos y fantasmas», las voces del alumnado se publicaban en la web con la gráfica institucional a través de mapas y audioguías, lo que aportaba una nueva capa de lectura a la exposición.

¿Cómo conviven dos discursos que no se tocan, dos voces alejadas? ¿Cómo se jerarquizan a la hora de hacerlos públicos en la web? ¿Qué espacio damos a lo extraño en nuestro hacer público? *Sala para salear* se publica para encontrar aquellas comunidades que buscan o necesitan esa forma de habitar el museo.

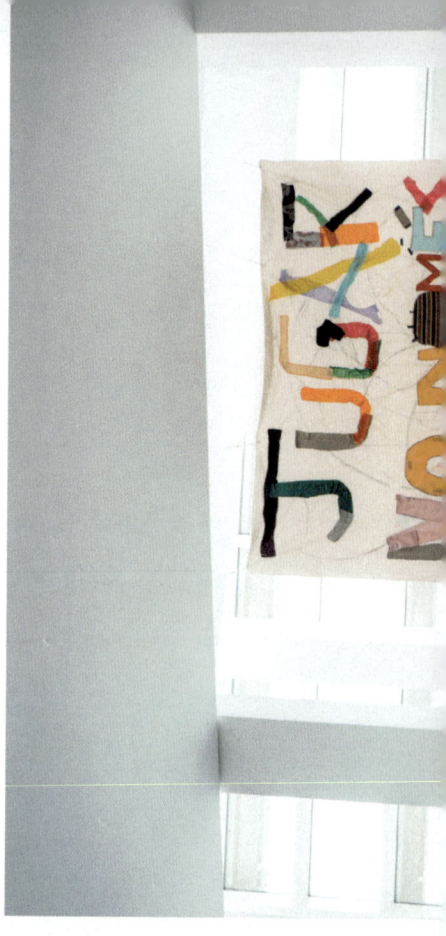

Una imagen tomada en el Atrio del MACBA, el espacio de entrada al museo por el que circulan todos los visitantes. Un lugar muy habitado por los proyectos del departamento de Educación: recepción de grupos, charlas, dinámicas, prácticas, presentaciones públicas, etc. Pero siempre con un rasgo común: el carácter puntual y momentáneo; igual que esta pancarta, pensada para ser instalada y estrenada durante la presentación pública de *Misión tirolina*, del *Grupo de jóvenes*

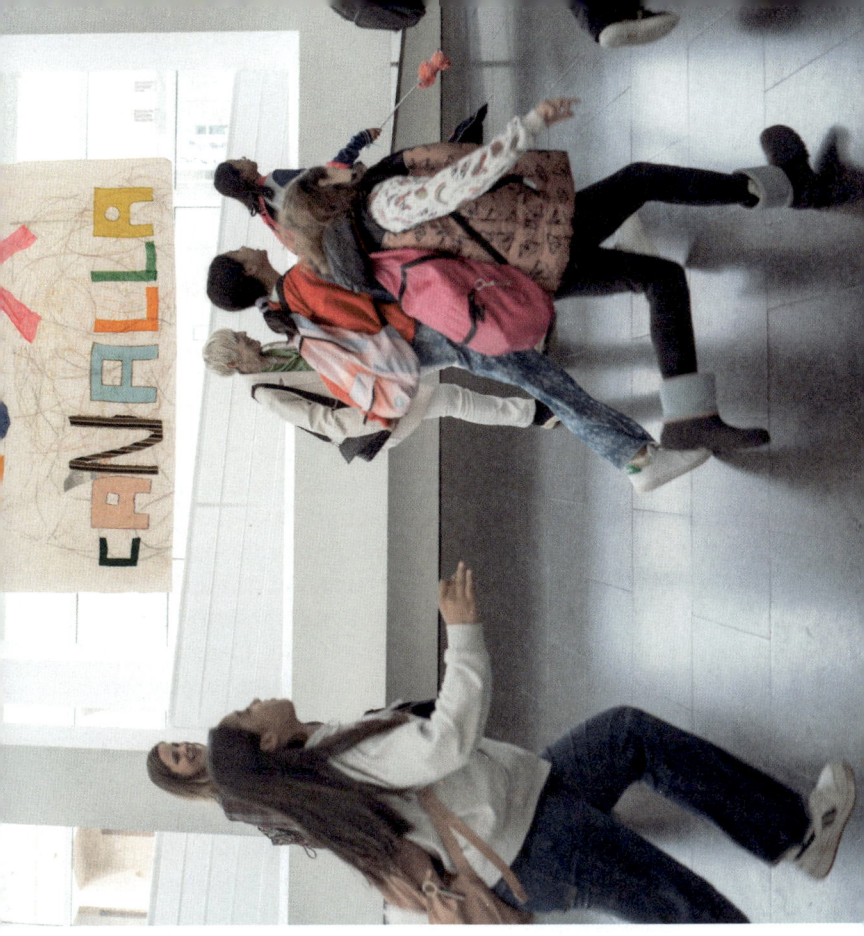

del MACBA del curso 2022-2023. Una iniciativa de experimentación semanal con la artista Anna Irina Russell y en colaboración con el espacio de adolescentes 12@16 del Poble-sec.

Un espacio-tiempo, normalmente acotado, en el que ocupamos, habitamos y transformamos dinámicas y zonas del museo. Pero el día de la presentación se rompió una lógica que ya llevamos incorporada. «¿Por qué no dejáis más tiempo las pancartas en el Atrio del museo?», se nos preguntó desde los cargos directivos del museo. No nos habíamos planteado esta opción y la sugerencia apelaba a la prudencia, modestia y cautela con la que nos imaginamos y proyectamos institucionalmente desde la práctica educativa. De ese modo, esta pancarta, junto con su tono, su materialidad y los imaginarios y relatos que despliega, se hicieron presentes en el Atrio durante días.

Una simple línea de tiempo

Aida Sánchez de Serdio Martín

¿Cuáles han sido, cómo han cambiado y a qué responden los referentes que han influido en la educación/mediación en museos en los últimos años? Esta pregunta poco modesta que impulsaba el encargo que recibí para llevar a cabo esta contribución fue el catalizador de una investigación de fuentes muy modesta que ha dado lugar a la todavía más modesta línea de tiempo preliminar que acompaña este texto. Considerando que se trata de una investigación tan incipiente, es necesario explicitar sus límites (y potencialidades).

Para empezar, como decía, el formato es una línea de tiempo en la que se ubican los referentes por año de publicación. El principio de esta línea se sitúa en los años setenta, década en que se crean los primeros departamentos de educación en museos de arte dentro del Estado español. Obviamente, se trata de una decisión discrecional y no significa que no hubiera prácticas educativas o referentes anteriores a esta fecha. También me he centrado, aunque no de forma exclusiva, en aquellos referentes que han tenido incidencia en el Estado español, porque cada contexto geográfico requiere una historización distinta y, en el nuestro, llevar a cabo una labor de recopilación aún es muy necesario. Por otro lado, existe una interlocución sostenida de ámbito estatal entre la comunidad dedicada a la educación/mediación y a la investigación que justifica el tratamiento conjunto.

En cuanto a la noción de «referente», la he circunscrito al material publicado con una faceta de conceptualización de la educación/mediación en museos. Por tanto, es una investigación exclusivamente documental. Lo que quiere decir que no incluye hechos como la creación de departamentos de educación, programas académicos, proyectos o actividades, encuentros y congresos, etc., salvo que generasen documentación conceptualizadora publicada. Tampoco he hecho entrevistas a las personas en activo de cada momento, lo cual sería imprescindible en una investigación de mayor alcance.

Otro criterio para establecer la escala de la selección ha sido limitarla a referentes estrictamente centrados en la educación/mediación en museos de arte, incluyendo solamente algún texto sobre educación artística en general si ha tenido acogida en el ámbito de los museos.[1] Esto significa que en la línea de tiempo ahora mismo no se visualizan las referencias de museología, teoría de la educación, teoría política y cultural, filosofía, etc., que también son fundamentales para comprender las perspectivas de la educación en museos.

Como se trataba de repasar aquellos referentes que han sido significativos para la educación/mediación en museos, he procurado indicar los textos que aparecen citados o mencionados en otras colecciones o textos sobre el tema, que se han compartido en grupos de lectura, que se han apuntado en encuentros, que tienen un cierto número de citas, etc. Esto ha sido particularmente difícil en los primeros años estudiados, ya que muy a menudo los documentos publicados no incluían bibliografía. Y también por la tendencia, todavía existente aunque ya no tan generalizada, de centrarse en la práctica más que en la teorización, en la defensa de la profesión en el presente y el futuro más que en la historización, algo por otro

---

1   Una publicación importante sobre educación en museos que no he podido incluir son las actas de las Jornadas de Departamentos de Educación y Acción Cultural de Museos, por la sencilla razón de que son tan numerosas que ellas solas casi llenarían toda la línea de tiempo. No obstante, es importante mencionarlas aquí como caso de registro continuado de parte de la acción y reflexión de los departamentos educativos de los museos españoles desde los años ochenta.

lado comprensible en un campo que se encuentra en proceso de construcción y que lucha por alcanzar un reconocimiento institucional sin muchos referentes locales previos. En algunos casos, siempre queda la duda de si son referentes significativos para las personas en la práctica educativa/mediadora o para les estudioses de dicha práctica. Y, como suele pasar en este tipo de investigaciones inabarcables en su totalidad, hay otros que sencillamente no he sabido encontrar o he pasado por alto. El resultado de todas estas selecciones y condicionantes son los sesenta y siete referentes recogidos en la línea de tiempo, y que se encuentran en el límite de lo que puede representarse de forma legible.[2]

Otras consideraciones sobre la selección no están relacionadas con la escala espacial y de tiempo de la búsqueda, sino con mi propia posición histórica y la perspectiva que eso implica. En este sentido, el mayor reto ha sido investigar los periodos que no he vivido en primera persona. En consecuencia, habría que determinar si el incremento gradual de referentes que se percibe a medida que se avanza en la línea de tiempo se debe al hecho de que, efectivamente, la producción ha aumentado (lo cual es probable) o al hecho de que simplemente la conozco más de primera mano. Además, mi afinidad con ciertas perspectivas educativas puede sesgar el reconocimiento de fuentes que difieren de estos enfoques, pese a que he intentado reflejar la convivencia de tendencias diversas en cada periodo.

Una vez hechas todas estas advertencias (tal vez demasiadas), sí que pueden intuirse algunas apreciaciones que habría que explorar en próximas fases de esta investigación que

---

2   En este sentido, los volúmenes editados o los números de revistas donde se recogen capítulos y artículos de diverses autores se citan como un único referente, sin detallar cada autore incluide porque es espacialmente imposible. Por eso, debe evitarse leer la línea de tiempo buscando nombres propios: tal vez están presentes en las publicaciones colectivas o tal vez han caído en alguno de los sucesivos filtros de acotación que he descrito.

puedan llevarse a cabo. La primera es la que ya he comentado sobre el incremento del número de publicaciones conceptualizadoras o teorizadoras sobre este ámbito a partir de los dosmil. Dado el crecimiento y la madurez del ámbito, sería algo plausible. No solo ha aumentado la cantidad de departamentos educativos o de mediación en los centros de arte del Estado a lo largo de los años, sino que también ha crecido la conciencia de la importancia de generar conocimiento, tal como demuestran las publicaciones realizadas desde estas áreas. Además, sus integrantes han ido contando paulatinamente con más formación; eso ha hecho que estas aportaciones fueran cada vez más relevantes y fundamentadas disciplinariamente y que entrelazaran experiencia y teoría de forma productiva. Son una cuestión aparte la consolidación y dotación presupuestaria de estos departamentos o las condiciones laborales en que se desarrolla esta doble tarea de intervención y reflexión, ya que la precariedad sigue siendo un rasgo generalizado del sector.

Otra intuición por confirmar es el tipo de debates y argumentos sobre la educación/mediación que se han mantenido a lo largo del tiempo: si bien en los primeros años buena parte de la producción se centraba en la explicación de experiencias, la realización de encuestas y la defensa de la acción pedagógica del museo tomando como referencia textos de museología y organismos internacionales como ICOM/CECA, en los años noventa adquieren peso las teorías del aprendizaje y la diferenciación de los tipos de público, en los dosmil se consolidan las corrientes críticas tanto sobre la educación como sobre el arte y el museo, y en torno a la década de 2010 empieza a circular el término «mediación», aparece el concepto «giro educativo», se desarrollan debates críticos sobre pedagogía y comisariado y se articulan políticamente las reclamaciones laborales de la profesión.

También sería interesante repasar temas concretos como, por ejemplo, la relación entre comisariado y educación, que ya aparece en los años noventa y que se va transformando desde las nociones de museografía didáctica o de la exposición como forma de comunicación, hasta las ideas del giro educativo que generan hibridaciones entre ambos ámbitos. O la cuestión de la investigación en educación en museos, que se plantea de forma pionera ya a principios de los años ochenta. O cómo se abordan los debates sobre la diferencia, desde los distintos paradigmas de la inclusión hasta las múltiples perspectivas alrededor de la crítica decolonial, transfeminista, queer y *crip*.

Esto es, en definitiva, solo un principio de lo que podría (debería) ser una investigación más extensa que historizara de forma crítica el campo de la educación/mediación en museos de arte en nuestro contexto. Nos encontramos en un ámbito a menudo afectado por el lastre del presentismo, provocado en buena medida por la estructura institucional y las condiciones de trabajo existentes, que no reconocen el tiempo de reflexión como parte de la dedicación laboral. Por ello, este tipo de investigaciones son necesarias para comprender los distintos enfoques y las prácticas de la educación/mediación en museos —y, en definitiva, sus políticas—, así como la construcción y transformación de la propia figura de les educadores/mediadores de museos.

Por descontado, cada contexto requiere modos de acción y teorización distintos, pero la consolidación de un campo implica llevar a cabo una problematización que dibuje su evolución histórica y conceptual. Esta conciencia de las corrientes y posiciones de la educación/mediación en museos, así como de sus evoluciones históricas, fortalece la capacidad de interlocución y acción política del colectivo. Y también permite establecer diálogos productivos entre generaciones, así como entre las esferas de la práctica y la investigación, que contribuyen a consolidar la comunidad de debate y aprendizaje. Porque no solo se trata de reconocer la labor de quienes nos han precedido, sino sobre todo de comprender de dónde venimos para imaginar de manera conjunta futuros posibles.

1972   *Declaración de la Mesa de Santiago de Chile*. Santiago de Chile:
            UNESCO-ICOM.

1973   Diverses autores: *Musées, imagination et education*. París: UNESCO.

1978   León, Aurora: *El Museo. Teoría, praxis y utopía*. Madrid: Cátedra.

            Newsom, Barbara Y.; Adele Z. Silver (eds.): *The Art Museum as
            Educator. A Collection of Studies as Guides to Practice Policy*.
            Berkeley, Los Ángeles, Londres: University of California Press.

1980   Diverses autores: *Función pedagógica de los museos*. Madrid:
            Ministerio de Cultura (Cultura y comunicación, núm. 10).

1983   Keding Olofsson, Ulla (ed.): *Museums and children*. París: UNESCO,
            1979. Edición en castellano: *El museo de los niños*. Madrid: Ministerio
            de Cultura (Cultura y comunicación, núm. 21).

1987   Schmilchuk, Graciela (ed.): *Museos: comunicación y educación.
            Antología comentada*. Ciudad de México: Cenidiap.

            Fullea García, Fernando: *Programación de la visita escolar a los
            museos*. Madrid: Editorial Escuela Española (Colección Práctica
            Educativa).

1988   Diverses autores: *La investigación del educador de museos*.
            Conferencia ICOM/CECA, 1985. Barcelona: Ayuntamiento de
            Barcelona (Estudis i recerques. Serie investigació museística, núm. 2).

1991   Hooper-Greenhill, Eilean: *Museum and Gallery Education*. Leicester:
            Leicester University Press.

1992   Diverses autores: «La pedagogía: elemento socializador en los
            museos», en *Coloquios galegos de museos*. Santiago de Compostela:
            Consello Galego de Museos.

1995   Chadwick, Alan; Annette Stannet: *Museums and the Education
            of Adults*. Cardif, Leicester: NIACE.

1997   Roberts, Lisa C.: *From Knowledge to Narrative. Educators
            and the Changing Museum*. Londres, Washington: Smithsonian
            Institution Press.

1998   Hernández, Francisca: *El museo como espacio de comunicación*.
            Gijón: Trea.

            Hein, George E.: *Learning in the Museum*. Londres: Routledge
            (Museum Meanings).

1999   García Blanco, Ángela: *La exposición, un medio de comunicación*.
            Madrid: Akal (Arte y estética).

            Valdés Sagües, María del Carmen: *La difusión cultural en el museo:
            servicios destinados al gran público*. Gijón: Trea.

Anderson, David: *A Common Wealth. Museums in the Learning Age.* Londres: DCMS.

Yenawine, Philip: «Theory into Practice: The Visual Thinking Strategies», artículo presentado en la conferencia *Aesthetic and Art Education: a Transdisciplinary Approach* en la Fundación Calouste Gulbenkian, Lisboa.

2000   Howard Falk, John; Lynn Diane Dierking: *Learning from Museums: Visitor Experiences and the Making of Meaning.* Plymouth: AltaMira Press.

2003   Asensio, Mikel; Elena Pol Méndez: «Aprender el museo», en *Íber Didáctica de las ciencias sociales, geografía e historia: Salir del aula*, núm. 36. Barcelona: Grao.

2005   Huerta, Ricard; Romà de la Calle (eds.): *La mirada inquieta. Educación artística y museos.* Valencia: Publicacions de la Universitat de València.

Santacana Mestre, Joan; Núria Serrat Antolí (coord.): *Museografía didáctica.* Barcelona: Ariel.

2007   Hooper-Greenhill, Eilean: *Museums and Education: Purpose, Pedagogy, Performance.* Londres: Routledge (Museum Meanings).

Diverses autores: *Prácticas dialógicas. Intersecciones de la pedagogía crítica y la museología crítica.* Palma de Mallorca: Fundació Es Baluard Museu d'Art Modern i Contemporani de Palma.

Huerta, Ricard; Romà de la Calle (eds.): *Espacios estimulantes: museos y educación artística.* Valencia: Publicacions de la Universitat de València.

Fernández, Olga; Víctor del Río (eds.): *Estrategias críticas para una práctica educativa en el arte contemporáneo.* Valladolid: Museo Patio Herreriano.

Calaf Masachs, Roser; Olaia Fontal Merillas; Rosa Eva Valle (coord.): *Museos de arte y educación: construir patrimonios desde la diversidad.* Gijón: Trea.

2008   Allen, Felicity: «Situating Gallery Education» en Dibosa, David (ed.): *Tate Encounters [E]dition 2: Spectatorship, Subjectivity and the National Collection of British Art*, vol. 2.

Rogoff, Irit: «Turning», en *e-flux journal*, núm. 00.

2009   Acaso, María: *La educación artística no son manualidades.* Madrid: Catarata.

Mörsch, Carmen (ed.): *Documenta 12. Education 2*. Zúrich: Diaphanes.

2010   Simon, Nina: *The Participatory Museum*. Santa Cruz: Museum 2.0.

Sánchez de Serdio Martín, Aida: «Arte y educación: diálogos y antagonismos», en *Revista Iberoamericana de Educación*, núm. 52. Madrid: OEI.

Coca, Pablo (ed.): *Grupo de trabajo sobe educación y práctica artística. Sesiones comentadas*. Valladolid: Museo Patio Herreriano.

Sternfeld, Nora: *«Unglamorous Tasks. What Can Education Learn from its Political Traditions?»*, en *e-flux journal*, núm. 14.

O'Neill, Paul; Mick Wilson (eds.): *Curating and the Educational Turn*. Londres: Open Editions.

Diverses autores: *Cartografiem-nos. Projecte educatiu per a infantil i primària*. Palma de Mallorca: Fundació Es Baluard Museu d'Art Modern i Contemporani de Palma.

Sola, Belén (coord.): *Experiencias de aprendizaje con el arte actual en las políticas de la diversidad*. León, Barcelona: MUSAC / ACTAR.

2011   Acaso, María (coord.): *Perspectivas. Situación actual de la educación en los museos de artes visuales*. Madrid: Fundación Telefónica / Ariel.

Diverses autores: *Desacuerdos 6. Educación*. Gipuzkoa, Granada, Barcelona, Madrid, Sevilla: Arteleku / Centro José Guerrero / MACBA / MNCARS / UNIA.

Diverses autores: *Revista Errata#. Pedagogía y educación artística*, núm. 4. Bogotá: Fundación Gilberto Alzate Avendaño / Instituto Distrital de las Artes.

Helgera, Pablo; Mônica Hoff: *Pedagogía en el campo expandido*. Porto Alegre: Fundação Bienal de Artes Visuais do Mercosul.

2012   Mörsch, Carmen; Anna Chrusciel (coord.): *Time for Cultural Mediation*. Zúrich: Zürcher Hochschule der Künste.

Rodrigo, Javier: «De las políticas de acceso a las políticas en red: experiencias de mediación crítica y trabajo en red en museos», en *Revista Museos*, núm. 31. Santiago de Chile: Subdirección Nacional de Museos.

2014   Cevallos, Alejandro; Anahi Macaroff (eds.): *Contradecirse una misma. Museos y mediación educativa crítica*. Quito: Fundación Museos de la Ciudad.

2015   Amengual Quevedo, Irene: *A ras de suelo. La educación en museos como encrucijada de discursos, pedagogías, experiencias compartidas y mucho más*. Gijón: Trea.

2016   Diverses autores: *Her&Mus. Inclusión cultural en museos
         y patrimonio*, núm. 17. Lleida, Gijón: Universitat de Lleida / Trea.

         Diverses autores: *museos.es. Interpretación y mediación*, núm. 11-12.
         Madrid: Ministerio de Cultura.

         Diverses autores: *Revista Errata#. Saber y poder en espacios del
         arte: pedagogías/curadurías críticas*, núm. 16. Bogotá: Fundación
         Gilberto Alzate Avendaño / Instituto Distrital de las Artes.

         A. López, Miguel; Renata Cervetto: *Agitese antes de usar.
         Desplazamientos educativos, sociales y artísticos en América Latina*.
         San José, Buenos Aires: TEOR/éTica / MALBA.

         Martínez, Pablo (coord.): *No sabíamos lo que hacíamos.
         Lecturas sobre una educación situada*. Móstoles: Museo
         Centro de Arte Dos de Mayo.

2017   Mörsch, Carmen; Angeli Sachs; Thomas Sieber (eds.): *Contemporary
         Curating and Museum Education*. Bielefeld: transcript.

         Área de Educación del Museo Nacional Thyssen-Bornemisza:
         Lección de arte. Madrid: Museo Nacional Thyssen-Bornemisza.

         Grupo de Educación de Matadero Madrid: *Ni arte ni educación.
         Una experiencia en la que lo pedagógico vertebra lo artístico*.
         Madrid: Catarata.

2018   Albero Verdú, Sofía Ángela; Amaia Arriaga: «Educación con
         perspectiva de género en museos españoles. Enfoques y discursos»,
         en *Géneros*, vol. 7, núm. 1. Barcelona: Hipatia Press.

2019   Sola Pizarro, Belén (ed.): Exponer o exponerse. *La educación
         en museos como producción cultural crítica*. Madrid: Catarata.

         Diverses autores: *Repensar los museos. III Congreso
         Internacional. Los Museos en la Educación*. Madrid:
         Museo Nacional Thyssen-Bornemisza.

2020   Diverses autores: *Textos permeables #0. Sobre mediación, prácticas
         artísticas e instituciones culturales*. Valencia: Consorci de Museus
         de la Comunitat Valenciana.

         Diverses autores: *Textos permeables #1. Sobre mediación, prácticas
         artísticas e instituciones culturales*. Valencia: Consorci de Museus
         de la Comunitat Valenciana.

2021   Diverses autores: *Rehacer y expandir la mediación cultural*.
         Madrid: AMECUM.

         Sánchez de Serdio Martín, Aida: *Una educación imperfecta.
         Apuntes críticos sobre pedagogías del arte*. Madrid: Producciones
         de arte y pensamiento.

2022   Diverses autores: *Comisariado ¿pedagógico? Exploraciones transformadoras de la práctica curatorial.* Madrid: Catarata.

Diverses autores: *Concreta 20: Materias candentes entre arte y educación.* Valencia: Editorial Concreta.

Badia, Costa: *Los museos no son para sentarse.* Autoedición.

2023   Cervetto, Renata; Macarena Hernández; Miguel A. López: *Agítese antes de usar. Proximidad y reciprocidad en las prácticas artístico/educativas.* San José, Buenos Aires: TEOR/éTica / MALBA, 2023.

2024   Egaña Rojas, Lucía; Guiliana Racco (eds.): *La cultura no es una autopista, los museos podrían ser jardines: Toma de decisiones y distribución de recursos en el ámbito de la producción artística y cultural.* Barcelona, Autoedición.

AIDA SÁNCHEZ DE SERDIO MARTÍN   es profesora agregada de la Universitat Oberta de Catalunya. Su principal campo de especialización son las prácticas educativas en relación con las artes y la cultura, entendidas como lugar de producción del saber, desarrollo de debates políticos y transformación social. Es autora de *Una educación imperfecta. Apuntes críticos sobre pedagogías del arte* (Producciones de arte y pensamiento, 2021).

segu
sosten
y tram

[¿se nos ??
entiende
↳ glo
m

pozos ↙
huellas
rastros
¿invitaci
anima
lenguaje en
poe

2

¿Cómo contar la experiencia compartida de un proceso de pensamiento
colectivo? ¿Cómo dar cuenta de un
espacio relacional en constante movimiento, lleno de procesos rugosos, que
requieren cuidado y atención? ¿Cómo
traer hacia el presente numerosos
y particulares tiempos, que a su vez
se encuentran dentro de otro gran
tiempo?

Este mapa da la bienvenida a *Lo
estamos haciendo* (2024), una publica-

esde los materiales *pensar desde los cuerpos]*
n desde las acciones

nsando juntas → espacio de
especulación

sar juntas con amabilidades
familiaridades
nsando juntas anar de la mà
~~espacio~~ íntimo
espacio

dilaciones
dilatatorias

un órgano rituales
nuevo

resistencia
temporal quienes
y de ritmo somos espacio intersticial
en la
institución intersticios

silencio de invisibles
redonda = guerrilla!! flujo
interconectado
Compás de espera +amortiguador
ginación (para evitar que los tejidos se
rasquen por el funcionamiento
diario)

3

ción que recoge el proceso de pensamiento colectivo en torno a la idea de diseñar un dispositivo de arte móvil entre los departamentos educativos de Es Baluard Museu (Palma de Mallorca), IVAM (Valencia) y La Panera (Lleida). Un proceso, *Pensando juntas un dispositivo de arte móvil*, que se llevó a cabo a lo largo de más de dos años.

Aparece el mapa, herramienta a través de la que se puede indagar en cómo traducir las conversaciones compartidas, cómo hacerlas precipitar en coordenadas en movimiento e interrelación, para que puedan revelar cuáles son esos lugares sustanciales que han conformado esta experiencia.

Mapear(se) para aprehender(se). Una y otra vez, múltiples veces. Ir de un mapa a otro. Ser muchos mapas a la vez porque contarse no es fácil.

Créditos

Concepto
María Berríos
Yolanda Jolis
Ricardo Pérez-Hita
Isaac Sanjuan
Con la colaboración
de David Malgà

Coordinación y edición
Marta Sesé

**Diseño gráfico
de la colección**
Todojunto.net

Coordinación gráfica
Gemma Planell

Traducción y corrección
Irene Oliva Luque

Nota editorial
Esta publicación utiliza lenguaje
inclusivo no binario.

Impresión
Serper

Papel
Sirio Color Rough Flamingo 210 g
Munken Print White 90 g

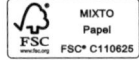

© **de esta edición:** MACBA Museu
d'Art Contemporani de Barcelona,
2025
© **de los textos:** les autores;
BY-NC-ND, 2025
© **de las fotografías:** Yolanda Jolis
(pp. 34-35); MACBA Museu d'Art
Contemporani de Barcelona. Fotos:
Miquel Coll (pp. 20-21) y Anna Fàbrega
(pp. 60-61); Micaela Maisa Montero
(p. 29); Gemma Planell (cubierta,
pp. 22-23, 46-47, 58-59); Todo por
la praxis (pp. 32-33)

ISBN 978-84-17593-40-7
DL B 15090-2025

Distribución
www.macba.cat

Colaboradores del departamento de Educación 2023-2025

Loli Acebal, Cristian Añó, Laura Arensburg, blanca arias, Helena Ayuso, Isabel Banal Xifré, Lluc Baños, Júlia Barbany, Sherezade Bardají, Claudia del Barrio, Elena Blesa, Estel Boada, Ortésia Cabrera, Dani Cantó, Luciana Chait, Eva Cifre, Itxaso Corral, Las Cosas, Andrés Duque, Agnes Essonti, Anna Fàbrega, Esther Fernández, Glòria Fernández Macias, Antonio Gagliano, Juan David Galindo, Macarena García, Albert Gironès, Rubén Grilo, Yoshi Hioki, Jorge Horno, Marc Larré, Irene Llàcer, Marc Luguera, Pepa Mandianes, Amèlia Mañà, Irma Marco, Guillem Martí, Amaia Martín, Lara Martínez, Neus Masdeu, Cloe Masotta, Aldemar Matias, Lluc Mayol, Mariona Moncunill, Clara Nubiola, Violeta Ospina, Eva Paià, Mònica Planes, Heidy Ramírez, Marina Ribot Pallicer, Olivia Rico, Alba Rihe, Senén Roy, edu rubio, Teresa Rubio, Roser Sanjuan, Roger Serret, Albert Tarrats, pol terrés y María Verdejo

Agradecimientos

Esta publicación es fruto de un proceso colectivo y de aprendizaje constante con les colaboradores del departamento de Educación y el equipo del museo. Agradecemos a todes elles los espacios de reflexión compartidos a los cuales esta publicación quiere dar continuidad.

Quadern d'educació es una colección impulsada por el departamento de Educación del MACBA Museu d'Art Contemporani de Barcelona